过剩时代的学习

方柏林 著

华东师范大学出版社
ECNUP

图书在版编目（CIP）数据

过剩时代的学习 / 方柏林著 .—上海：华东师范大学出版社，2017

ISBN 978-7-5675-7283-6

Ⅰ. ①过 ... Ⅱ. ①方 ... Ⅲ. ①学习方法 Ⅳ. ① G791

中国版本图书馆 CIP 数据核字（2017）第 313834 号

过剩时代的学习

著　　者　方柏林
策划编辑　顾晓清
审读编辑　陈　震
封面设计　王　斑

出版发行　华东师范大学出版社
社　　址　上海市中山北路 3663 号　邮编　200062
网　　址　www.ecnupress.com.cn
电　　话　021－60821666
邮购电话　021－62869887
网　　店　http://hdsdcbs.tmall.com/

印 刷 者　上海华顿书刊印刷有限公司
开　　本　787 × 1092　16 开
印　　张　19.25
字　　数　192 千字
版　　次　2018 年 2 月第 1 版
印　　次　2020 年 7 月第 3 次印刷
书　　号　ISBN 978-7-5675-7283-6 / G. 10840
定　　价　59.80 元

出 版 人　王　焰

目　录

致 谢

写一本书貌似是“躲进小楼成一统”的个体活动，实际上总是有他人方方面面的贡献。感谢在此书写作中引用到的各位教育界思想者，他们给了我各种启发和教导。作者总是站在巨人肩膀上的。

这里我要感谢此书策划和编辑顾晓清女士的鼓励和支持。她曾先后出版我的《知识不是力量》、《及格主义》两本书，并一直在鼓励我写一本思考具体学习方法的书。在我因为其他事情分心而进展缓慢的时候，她并没有放弃，而是继续支持我写下去。没有她的远见、信任和督促，此书不可能完成。

感谢我的家人在写作中对我的支持。这里尤其要感谢我的两个孩子，他们知道我在写作，经常和我分享学校的例子。感谢他们允许我用他们的例子，以启发更多学习者。这两个孩子在美国长大，我从他们托儿所、幼儿园、小学、中学一路观察下来，常和自己当年接受的教育进行对比和比较，收获良多。我每次接触到一些学习上的新观念时，他们一定是最先听我唠叨的人。感谢他们的耐心和好奇。

感谢我的多位朋友对此书创作的支持和对我本人的鼓励，尤其感谢恩波利亚州立大学（Emporia State University）校长艾利森·盖瑞特

（Allison Garrett）博士在百忙之中与我沟通此书内容，并给出热情推荐。感谢涂子沛先生等朋友对此书的推荐。作为作者我尽力而为，但谁知道一本书进入市场后会怎样，我感谢大家担负风险为我“背书”。

写作中我们需要有一些师长，或是“思维伙伴”，与我们不断校验关于相关内容的想法。我感谢这些思维伙伴，包括和我一样对学习方法孜孜以求并有繁多著述的杰森·莫里斯（Jason Morris）博士、专门研究学习心理学的鲍勃·麦考尔文（Bob McKelvain）博士、对美国中小学有广泛认知的教育学教授凯伦·麦克斯维尔（Karen Maxwell）、劳埃德·戈德史密斯（Lloyd Goldsmith）等。

我在写作中，对于美国教育的一些方法，也求教了孩子的几位老师，包括“革命弦乐”（Revolution Strings）乐队的负责人达茜·拉德克利夫（Darcy Radcliffe）老师、我儿子的英文老师谢丽·戈尔登（Sherri Golden）等，在此对他们表示感谢。

感谢多年来我专栏和网络文章的各界读者，平时从大家这里得到的反馈，让我保持动力，持续多年在写教育和学习的话题。此书是这种讨论的自然延续。这样的讨论，未来还会继续下去：学习和人性本身一样有趣，它带给我们的话题是写不尽的。

序言：过剩时代的学习[①]

我以前做过很多翻译，是个文学译者。大家可能看过我翻译的一些书，比如《布鲁克林有棵树》、《河湾》，还有《一个唯美主义者的遗言》。文学翻译是小众话题。这里，我想跟大家讲一讲人人都会关注的学习。我一路上跑过来，在火车上，飞机上，地铁里，轻轨上，甚至我们老家的小院子，我看到所有人都在学习。有时候我们看到小孩坐在院子里或胡同口学习，有时候我们看到年轻的职业者在火车上边看着 iPad 边记笔记。我就跟大家讲一讲"学习"这个概念。

我的职业是课程设计师（instructional designer）。这个职业三百六十行里面找不到，在美国人们也感觉陌生。我说自己是课程设计师的时候，大家一般都说，哦，很有意思。这说明他基本上不知道这是一个什么概念。课程设计师帮老师，老师最终的服务对象也是学生，说到底课程设计师是帮助学生学习的。

我来自俄克拉荷马州，常刮龙卷风，我是灾区来的。俄克拉荷马地形平坦，在这里冷风和暖流汇聚，没有阻挡，于是形成龙卷风天

① 此文根据我在一席的演讲《过剩时代的学习》整理。

气。弗里德曼写过一本书《世界是平的》。书中称，在很多领域，过去的障碍正被移除，世界越来越平。教育正是这么回事：以前我们有时间、空间对于学习的限制，技术等因素让教育的世界越来越平，平得像俄克拉荷马。

最近几年，有很多关于教育的新观念在这个平的世界里火着。“虎妈”现象在美国吵了很多天。虎妈说小孩儿必须推才会去学习。英国教育者肯·罗宾逊则认为小孩必须培养内在动力，追随内心的激励。

美国学习为什么会有这么多讨论呢？美国的教育面临很多问题。例如，教育领域人们对体育过于重视，很多学校里教练工资比校长高。另外，美国是个富裕国家，有它的富裕病。比如小孩手头的电子设备太多，家里面有 Wii、Xbox，有 iPhone、iPod，他们在一起的时候，很多时间就花在这个上面了。还有一点，信息的充沛乃至过剩，冲击了过去教育的模式。

我们面临的过剩时代

刚到美国的时候，我要适应的东西很多，教育只是一个方面。最困难的是饮食。我们有首歌叫“洋装穿在身，我心依然是中国心”。其实不如说，我胃依然是中国胃。到美国之后，大家总是千方百计找中国东西吃。我去的不是洛杉矶、纽约这些地方，而是一些小地方。这里中国菜不正宗，很多中餐馆是自助餐形式。我们那时候做留学生很穷，一周巴不得等星期六的时候，去吃一顿中国的自助餐，还要提前做足准备：扩胸运动，吃健胃丸。饿得扶墙进去，撑得扶墙出来。想想看这对身体有什么好处？

今天学习也是这么回事。学习资源越来越丰富。我以前学英语专业。学英文需要听外文的广播，比如说美国之音（VOA）。我老师那一代，美国之音被视为敌台，听“敌台”要省外办特批。我这一代就好多了，可以随便听美国之音，只要买一个短波收音机就可以。我们也有了新的选择，可以听 VOA，也可以听 BBC。可以学美国口音，英国口音，你要是想学个朝鲜人民广播电台的英语口音，也是可以的，我有个老师就学得惟妙惟肖。再到下面 00 后的、90 后的这些人，选择更多，比如各种“播客”、“视频播客”，还有一种“客”叫慕课[①]，有成千上万人收看。再有可汗学院（Khan Academy）那种放在一起让学生去学习的短视频，我小孩非常喜欢这个。学习者还有很多视频网站平台可用。苹果、谷歌等很多商家也都千方百计要进入教育领域，希望分到教育的一块蛋糕。出版商会提供一些资源给老师使用，比如现成的视频、测验等。

现在资源是海量的，非常丰富。资源丰富，老师选择，也被人选择，学生期望在变化，老师角色也在变化。以前老师是站在舞台上的智者（sage on the stage）。现在学生资源丰富，学生可以调用其他资源，老师就成了边上的向导（guide on the side）。学生在其引导下，

① MOOC，全称为 massive open online courses。

可自主选择很多东西。老师不仅传授知识，也在边上当向导，或是充当学习的脚手架。对学生来说，丰富的资源并不一定是好事。美国有一句话：如果给一个人绳子太多的话，搞不好他会把自己吊死。

很多人觉得现在中国教育很有问题，可大环境如此，大家怎么办？换环境能解决问题吗？有一句话：当你唯一的工具是钉锤的时候，你会把所有的问题都看成钉子。有时候大家会发现，有些问题其实不是钉子，是螺丝钉，钉锤解决不了。那怎么办呢？用螺丝刀。你把钉锤全部换成螺丝刀，是不是问题就解决了？用一种体系完全替代另外一种体系，就是把所有钉锤全部换成螺丝刀的思维。

在这个时代，国与国之间的差别越来越小，个人选择空间和能动性越来越大。即便换了大环境，我们也可能因为错误选择而不得要领。我们会置身于各种人造的气泡。在美国这个环境下，很多中国学生去了，仍集中在华人留学生和学者小圈子里。还有一种环境是海外中文学校。这类周末学校的设立本身是很好的事。爸爸妈妈把小孩送去学中文。可很多时候，小孩在学中文时，爸爸妈妈在一起攀比、切磋，然后回去各自压迫自己的孩子让其跟他人一样。这环境于是就成了虎妈集中营。怎么办？应该走出这个气泡，融入到其他群体中，并不时反省自己的教育。

选择自己的学习未来

在过剩时代我们怎么学习呢？我觉得最重要的一点，就像吃自助餐一样，要找到自己喜欢吃的菜。别人喜欢小龙虾，你未必喜欢。学习是一种发现。爱因斯坦就说过这么一句话：每个人都是个天才，但如果你是一条鱼，而别人通过爬树来检验你的能力，你一辈子都会觉得自己是一条很蠢的鱼。鸭子、乌龟、猪，大家各有特长，干吗逼所有的都去跑步，都去飞翔？每个人都是独特的。怎样找到自己的独特？应该识别自己内心的召唤。我看过一部电影，叫《恋恋笔记本》（*The Notebook*），电影中的富家女被两个年轻人同时追求，她面临选择的困境，她的父母给了她一些建议。这或许可以启发大家识别自身需求。

有一句台词是“你需要什么？”。你不要看别人怎么说，也不要看周围，甚至不要看你的父母怎么去规划你的人生和职业选择。你首先应该想：自己的特长是什么？能力是什么？把它们结合起来，和其他资源汇聚。

你还要去想象二十年后、三十年后在做什么事情。我过去在管理培训和管理咨询行业做事，出国前在犹豫，是去学管理还是教育。我找一个老师咨询，他说这两个选择自身并无好坏。关键是你怎么憧憬未来的生活。二十年以后你希望忙忙碌碌挣钱？还是悠悠然然做事，同时发展自己的兴趣爱好？我觉得自己是后一种人，于是学了教育。人应当想象未来的生活。生活需要想象力。

如果我们确实不知道自己的长处和短处，可以看看周围其他的人，看看父辈那些人在做什么事情，可不可以让他们作为自己的参照系？我做教育技术，有时候也会看到一些五六十岁的人还在做，教育技术更迭过快，他们有时候跟得力不从心。我就想应该发展两个职业，一边做教育技术，等难以继续的时候，我还可以做我的翻译和写作。

还有一点是安全感。我们选择职业的时候，或者选择学习对象的时候，我们是要寻找安全感。我们希望职业和学习能给我们带来经济上、心理上的安全。但这种安全感，未必是周遭社会定义的安全感，而是你在这个职业里边，能不能够成为一个热门的人物。没有什么职业绝对是热门的，关键是看你怎么和这个职业去配合。

我们还要**找到自己的内在动力**。我们以前读书的时候，是把读书作为敲门砖。我们希望通过读书，然后上大学，然后一个关一个关去过。这种学习，是一种外在的动力驱动着我们。当我们进入成年以后，开始工作，我们的学习应该是另一种形态。在这个资源过于丰盛的时代，我们应该尽量找到什么东西有内在的驱动力。是什么样的引擎，在拉着我们走？怎么样找到这种引擎？我们每个人自己，最终都找到属于我们自己的“一亩三分地”（也称 niche，是我们自在发挥的地方）。在本书中，我们也会谈到我们学习的内在动力。

学习也不是贪多求大的过程。我再说那个自助餐的话题，我们自助餐往往会吃多了，有的人吃撑了是扶着墙出来的，那是不知道他的能量、潜力有多大。我们的头脑也是这么一回事，人脑也存认知负荷问题。学什么、不学什么当有所选择。我们不要给自己太重的负荷，有的东西我们是不需要去学习的，是可以放在外面的。我有一个老师叫罗米斯佐夫斯基，是波兰人，他说人类的绩效问题其实并不完全都是技能的、知识的或者态度的问题，有的可能是环境的问题。比如说有的人事情做得比较好，反而得到了惩罚，那么在环境因素上就出现了问题，那么这种情况下，你学得再好，再用功，还是没有用的。有些东西涉及态度问题，我们或许有这个能力，但是我们不愿意去学它。态度问题不解决的话，还是学不进去。受他启发，我就觉得经常用的知识要学会了，放在大脑里面（knowledge in the head）。但是另外一些知识应该放在世界上（knowledge in the world）。二者很有差别。有些东西，一辈子只用一两次，为什么花一两年时间去学它？有些东西已经排除在外，不要去学，可通过绩效支持等手段来解决。

提高我们的学习效率

剩下的一些东西，我们必须学习。怎么去掌握这种学习？人的学习潜力很大。我在俄克拉荷马见到一位老者已经 70 多岁，还在学跆拳道。他一辈子拿了三个博士学位。我问他是怎么做到的，他说他学习的时候没有人可以打搅他，他把自己的时间封闭起来了，学习的时间就在做学习的事情，效率非常高。

提高学习效率：怎样让学习高效？我设计了一个公式：$M = CE^2$，这是一个文科生能理解的相对论。这里的 M 指 mastery，亦即我们要掌握的知识；C 是指 choice of content，我们选择要学习的东西；我们还要有有效的教育方法 E（effective instruction）。有时候我们不能够左右老师，但是我们可以给老师提供反馈。另外一点，就是我们学习的时候，必须非常专注、精力非常旺盛。在这个过剩时代，有时候大家觉得学习反正就是网络上的学习，重要的事情完成之后再去学。很多时候，我们把一天的事情完成之后，已经精疲力竭了，那时候学习就是没有效果的，你还不如不学，不如去睡觉。

切分学习内容：学习内容庞杂，可能大家会有一种淹没感。过去，学习很多是预备式学习（just-in-case learning），学习是作为一种预备；现在，越来越多的学习是让我们去及时、刚好够的学习（just-in-time, just-enough learning）。我的工作包括不少教师培训。有时候让老师过来参加培训，来的人很少。老师有自己的事，要发文章，备课，回答学生提问，参加社区服务等。后来我们想方设法地把大的学习转化成小的学习，比如一两分钟的短视频。他们需要什么我就制作什么，基本上按苹果的教学视频模式来做。

不能忽视知识：另外，学习方法也很重要。我们有很多选择，但选择之后，我们还要用好的方法去学。我写了一本书，是华东师范大学出版社出的《知识不是力量》。送给别人，尤其是送给小学老师时，大家都面露难色：什么叫知识不是力量，你这不是给我造反吗？其实我不是说知识没有用，而是说，我们仅仅有知识，不会使用、不会分析、不会应用，那还是没有用的。在任何学科中，我们都必须建立自己的知识基础，虽然我们现在可以搜索很多东西，但是如果缺了基础知识，搜索都不知道怎么搜索。

多一些项目式学习：另外，我发现美国的学习有一个特点，就是说，很多学习是基于问题的，而不是基于识记。比如说我们学媒体设计的时候，老师就让我们设计个网站。设计网站逼迫你学习到很多知识，包括课本上有的和没有的。我当时在翻译一本小说，叫做《老谋深算》，其中提到生态养殖的话题。受其启发，我设计了个生态养猪的网站放在网上，之后就忘记了密码。很多人给我写信，求教我生态养猪的话题。我摇身成了生态养猪的专家，其实我懂的并不是很多。后来想方设法把密码找到，给删掉了。现在想想挺后悔的，我们做 IT 的，为什么不可以养猪呢？丁磊不就是这么干的吗？

学一点思维技能：去美国任何一个地方开会，他们都会提到审辩式思维（critical thinking，也译批判性思维）。过去人们的重点是在“批判”二字上。它实际上要求我们遇到问题的时候，检验说法的前提、假设、背景。只有这么做才可以甄别真伪。还有一种很被强调的思维，是创意性思维。而那种背诵式、记忆式教育，在美国不被看重，被视为低端思维技能。到底如何应对这种技能，我们会在下文中再详述。

学一点横向管理技能：还有一个学习方法论也很重要，就是项目管理，可能很多专业都有学，它真是很管用。它教会你一种思维，把一个大的任务切分成小的任务，这样就可以把很难做的事情，变得容易起来。像中国古时候的大家族，选出来的当家人，既要打点上下，顾全各房各枝的人情面子，又要经营好家族产业，分派不同的门客幕僚打理方方面面的生意，思路方法跟现代 MBA 恐怕也是差不多。谁说知识不是力量？

学一点研究方法：要从事高等教育的话，不管做什么事情，我希望大家都学一点研究的方法、研究的知识。我当时学的是定性研究的方法，我就到图书馆去观察、去访察，人们有顾忌，不让我去观察。我就做“卧底”，推着我女儿去。我女儿去读书，总不会有人反对。我自己在那边观察，看图书馆怎么运作。这种研究技能很多场合都可以使用。包括我现在写专栏，很多话题我一点都不熟悉，比如说美国医疗状况、美国教科书采用的是什么。我都是用这个应用研究的方法去做的。

我们总希望把其他国家教育中的一些技巧性的东西搬到国内来，如芬兰、美国等。盲从于人家的奇技淫巧，只顾引进些噱头显然是不管用的。有个阿拉伯的商人到了美国开会，住在宾馆里面，宾馆里面的水龙头一拧水就出来很多。他很好奇。在沙漠里，他找水有时要找几天几夜。回阿拉伯的时候，就把宾馆里的水龙头卸走带了回去。水龙头装在沙漠里面，能拧出水来吗?

第一章

大脑电脑轮换使用

教育是你把学校所学忘光之后剩下的一切。

——佚名

受过教育唯一的标志，是这人学会了怎么学习，怎么改变。

——美国心理学家卡尔·罗杰斯

引言

任何一本关于学习的书，我想都会谈到方法。可是我发现，在解决“怎么学”之前，学习者（尤其是年轻学习者）更为困惑的问题是：学什么？值不值得学？值得的话，学哪个方面？处在学习资源过剩时代，为什么有那么多囤积居奇的“干货综合症”？这个问题怎么破？在解决了“学什么”的问题之后，接下来还有学某门知识的哪个层面的问题。任何一个领域的知识技能和态度，都存在层次问题。中美教育的一大不同，是美国注重布鲁姆知识分类中的“高端技能”，比如分析、评估和创造，而中国强调布鲁姆知识大厦中处在“地下室”的一些技能，如识记和理解。可是也有美国学者表示，少了“地下室”，去培养高端思维，就好比建造空中楼阁。知识体系中高低问题必须思辨地看待。但无论如何，我们得认识这高楼的地下室和顶层到底都是什么。另外，如果有些知识不用去学，那需要的时候怎么办？我们也会在本章中谈到一些“把知识放在世界上”的思维，并通过设计，将知识合理分布在世界上和头脑中，减轻认知负荷。

治一治十货饥饿症

前几天联系了一个美国教授，想让他跟中国家长说说他所研究的亲子关系。谈话后，我帮他做了个方案。发去后，他发来长信抱怨我操之过急，应“从长计议”，不能条件不足就往前冲。生活在两种文化的夹缝之中，有时感觉里外不是人。跟美国老师谈事，他们觉得我太冒进，怎么冲得这么快，就跟生意人似的。跟国内的朋友谈事，他们嫌我太学究，步调太慢太谨慎。这简直是小马过河故事的翻版。

这种步调不一的情形我还在很多地方看到。这些年美国在教育改进的速度和广度上，不及“突围”心切的国内。论成效，则与龟兔赛跑的结果相仿。美国文化强势，在教育观念的传播中，重视本国观念，无暇他顾。中国教育界则处在文化不自信的大环境下，对于大陆以外国家和地区——如英美、芬兰、新加坡、港台——的教育方法和理论大尺度地门户开放，兼容并蓄。诸多新思维在激荡，新企业在兴起，新英雄在逐鹿中原，整体风气浮躁，人们担心自己不能及时推陈出新，会在注意力经济浪潮中沉没。这样的冒进中，我们也看到了一些问题：教育界的人都满嘴术语，貌似见多识广。眼界开阔本是好事，最终却落到目空一切的下场。你话没讲半句，他都能接上两三句，你说的他全知道。可是看其做事，却仍稚嫩，不经推敲。人们如饥似渴地追求新观念，新方法，比如慕课、翻转课堂、微课……新观念一波接着一波来，落实好的却少见。每个人找“干货”，藏“干货”，囤积居奇。收了藏了“干货”，也不去消化，就狗熊掰玉米一样，一路走一路丢，一个干货没派上用场，又匆忙收别的“干货”去了。那些别人提炼出来的东西，都有过各自积淀的过程，你不能把人家的盐当饭吃。

在过剩时代，我们囤积的知识在需要的时候都不难找到。能学进去，产生变化，这才是王道。教育者应该是终身学习者。学习者在走街串巷收干货，从结果上看，跟什么都捡、什么都不舍得扔的收藏癖并无两样。收一堆微信文章和各处寻来的文档在家，束之高阁，不过是知识从一个人的电脑，下载到自己的电脑。这中间一切未曾经过自己的大脑。快速便捷的传播，只是造成了大量信息泡沫。

美国学校里新观念的传播、接受过程缓慢得多。翻转课堂我们花了两三年时间在琢磨、实践，让老师反复参加培训，互相观摩听课，然后回头再反思，再修改，结果老师慢慢上了路子。网络课程的推广，更是耗费精力，大家一点点在商量流程、政策，创建示范课程，然后一门课一门课慢慢推广。老师一旦上手，就真的尝到甜头，再也不走回头路。

在我们接受新生事物的时候，反刍、消化、反馈、纠正等过程不可缺失。光顾着飙名词、理念、模式是没有用的，这是识记范畴的事，可以吹吹牛，让他人大跌眼镜，但这也是一时的，对自己思维的进步无益，最终也让人看扁。如果我们对新的方法和观念感到有所共鸣，应扎扎实实去试验，其中包括通过错误而纠偏的过程。

我们对于慢速的改变要有耐心。教育不是商业和军事，争的不是速度，没有先下手为强一说。得到长进，笑到最后，那才是能耐。教育的改革，和任何创新的推广一样，须从试点到扩张，从少数人到多数人，逐步接受，步步为营。慢点是正常的，心急吃不了热豆腐。教师能定下心来把每一件事做好做实，对学生也是教育。

干货饥饿症的另外一个表现，是在机遇的把握上，生怕自己会错过什么，于是一个都不能少。这往往既不合理，也不现实，这方面我是有亲身体会的。2016 年夏天，我曾收到一封信，邀请女儿参加诺贝尔奖颁奖典礼。我女儿参加了一个“高中学者荣誉社团”。该社团由阿尔弗雷德·诺贝尔的侄孙克莱斯·诺贝尔（Claes Nobel）所创办，会邀请学生会员申请观摩诺贝尔奖颁奖盛会。本来是一励志的大好机会，可颁奖时间是学期结束前。我女儿一查日历，那个星期她参加的乐队有演出，不宜分身，她于是没去申请。

后来，她所在学校开展诗歌比赛。她老师说经过五轮评比，她和班上另外一个同学入选，次日去一家咖啡厅举办朗诵。如果不能去，名额和荣誉就让给下一位同学。不巧，那一天晚上她又有演出，这事于是又给耽误了，眼睁睁把机会错过。我劝她不要惋惜，如果音乐对她最重要，就学深学精，不要一路走一路丢，什么都沾点皮毛。

机会多，抓不住也是常态。如果贪多，则好比把手伸进罐子里抓糖吃的猴子，会把自己的手给困住。算上各种非正式教育机会的话，这年头机会也是过剩的。但很多人身子在过剩时代，脑子在稀缺时代。就好比从生存经济里过来的人那样，穷怕了，短缺怕了，有人在巷子里喊一声副食品要涨价了就倾巢而出。这种思维的人习惯性地贪多求大，在囤积中寻找安全感。

在机遇上“穷怕了”的人，会怎么和世界互动呢？大家可以看看自己的朋友圈，凡是仍处在稀缺思维控制下的人会分享什么样的信息？我发现有这么几种人，欢迎对号入座：

瞬间过时论：“再不看就删了……”删掉算什么，走红的东西很快网上别人会转得到处都是，不耽误你时间就谢天谢地了。

信息特供论：“这资料难得，好不容易找来，与大家分享。”有些信息其实俯拾皆是，少见多怪的人，将其当成奇货可居的“特供”产品。教育资源和信息已经不是少数人占有。任何人通过合适的方法都能获得。

收藏综合症：“全是干货，赶紧收藏。”收藏了没有消化就是废品。这种囤积习惯，会把人变成废品站。

这些吸引眼球的标题，都还是依赖于人们的稀缺思维，可见稀缺思维当今如何普遍。

在美国上大学也一样。华人家长争相进名校，以为名校机会多。可是我们每个人都“寄蜉蝣于天地，渺沧海之一粟”，其实以自己时间、空间上的诸种局限，再多机会，孩子们往往也只能领取一个。多未必是好，能用上才是王道。而今国内中产家庭孩子们面临的教育，选择多而复杂。把北上广房子卖掉，很多人就有能力送孩子出国留学。再算上慕课等诸多新型教育模式，新生代面临的教育资源空前丰盛。再过十年，我相信教育更是面目全非。那么处在丰盛的资源中，本该有什么样的消费习惯呢？

培养批判性思维。信息众多，鱼龙混杂，我们必须学会如何甄别与选择，否则吃了半天，发现全是垃圾食品。这需要我们培养精致消费的习惯，别像吃自助餐那样，把自己撑死，吃得极不舒服。资源丰盛的时代，批判性思维尤为重要。在消费信息时，不妨对信息进行图书馆系统常说的 CRAP 测试，也就是该信息是新还是旧（currency），来源是否可靠（reliability），作者是否权威（authority），目的（purpose）是否合理。

优化资源。教育资源难有绝对好坏之分，要看相对于自身兴趣和能力，能否合理支配，能否和现有资源优化组合，达成最佳结果。求学当中，但凡造就自己的学校就是好学校。如果能去一个名校，而不被关注，放着大量资源也是枉然。诚然，去所谓“好”学校，会有更多和名家接触的机会。若只为了求知，同样资源可以通过其他渠道获得。名家讲座有现场感，末了大不了与名家合个影、握个手，发发朋友圈，回来洗下半盆手汗。

放眼长远。人生的成效是做除法。分子是你的机会，分母是你的投资。如果你用 10 倍的投资，只能得到 1.5 倍的机会，你的成效是减小而非扩大了。从长远规划上看，如果为了追求“一流资源”而透支，需要用力的时候已是强弩之末，这会拖累日后发展，什么都比人慢一拍。

求精求深。人生早年，不知兴趣所系，能力所在，故而四处开花，这可以理解。最终我们都会发现，成功者往往都是盯准一件事，做深做精，找到稳妥的立足点就受用一生。长期处在“宽以里计，深以寸计”的状态，会导致已有资源更趋稀薄，且会形成倦怠。早年四处开花，若不能及时收敛，终会一无所成。

对于机遇的领取，就好比人体补钙，不是你一次吞下四五瓶钙片就能解决什么问题。更应考虑的，是在特定时间内，到底能够吸收多少。教育也是这样，吸收才是关键。

走出布鲁姆的地下室

儿子去牙医那里套上牙箍之后，告诉我一个有趣的说法：他们学校的孩子有“酷孩子”（cool kids），还有他这样的“书呆子”（nerds）。而书呆子分三个等级，最高级别的“呆大师”（master nerds）有三个特征：成绩好，戴眼镜，戴牙箍。次一级的“呆学徒”（apprentice nerds）具有三个特征中的两个。最菜的叫“呆中呆”（derpy nerds），具有三个特征中的一个。

归类和等级，对应着我们对事物属性的把握，和我们对外部世界的内化方式。大人更喜欢分门别类。去一户人家，先不用谈话，仅从其碗碟的放置，家具的摆放，往往能看出很多信息来。看一个人聪明还是愚笨，勤劳还是懒惰，我们常能从他对事物的归类上看出七八分来。当然了，这种判断也会有失误。

各个领域，我们都能发现各种归类法。比如生物学中我们有域、界、门、纲、目、科、属、种。心理学上我们有生理、安全、社交、尊重、自我实现、超自我实现这马斯洛需求层次的归类。这些分类未必在任何时候都那么精确，分类的模糊也造成了各种争执和分歧，但有了它们，我们认识、说明我们所处的世界，多了一些大家共同认知的语言。

教育学中最著名的分类，可以说是“布鲁姆的学习分类论”（Bloom’s taxonomy）。本杰明·布鲁姆（Benjamin Bloom，1913—1999）是美国著名教育心理学家，毕业于宾州州立大学和芝加哥大学。他的学习分类论，把学习分成认知、情感、动手等几个领域，每个领域对应着一系列教育目标，其中最广为人知的是认知领域的目标。

布鲁姆学习分类论在上世纪五六十年代起到过非常积极的作用。二战后，军人大量返乡，借助让退役军人免费上学的《GI 法案》，涌入大学课堂。这些学生水平参差不齐，教师茫然无措。布鲁姆的分类给教育者提供了还算精确的教育目标的分类方法。他于 1956 年提出的分类，以名词为主，包括：

- 识记（knowledge）
- 理解（comprehension）
- 应用（application）
- 分析（analysis）
- 综合（synthesis）
- 评估（evaluation）

这些名词似乎显得静态，体现不了思维积极活跃的一面。于是到了 1990 年代，布鲁姆、他的学生以及学者大卫·克拉斯沃尔（David Krathwohl）等将知识分类进行了一些更新。这些改变在中文中难以看出，但是英文原文已经改成了动名词，更能体现思维上的“动作”：

- 识记（remembering）
- 理解（understanding）
- 应用（applying）
- 分析（analyzing）
- 评估（evaluating）
- 创造（creating）

这种动词化，也造成了一些根据“行动动词”（action verbs）制定教学目标的热潮。布鲁姆分类中的目标被细化为一系列行动动词。下面是安德森和克劳斯沃尔编写的新版分类中的相关动词：

表 1.1　布鲁姆分类相关动词

	记忆	理解	应用	分析	评估	创造
定义	回顾事实、术语、基本概念，呈现对过去所学材料的记忆。	通过组织、比较、翻译、描述、大意总结，呈现对事实和观点的理解。	运用学到的知识、事实、技巧和规则，解决新的环境下遇到的问题和情况。	识别动机和原因，将信息细分。作出判断，并寻找证据证明概括性结论。	根据特定标准，对信息、观念的有效性或工作质量给出判断，形成相关意见，并能提供证明。	将现有元素根据新模式组合，或提出其他解决方案，从而形成新的信息。

续表

	记忆	理解	应用	分析	评估	创造
动词	选择 界定 寻找 （贴账）标签 列举 匹配 命名 忽略 回顾 关联 选择 显示 拼写 述说 陈述怎样 陈述什么 陈述何时 陈述何地 陈述哪个 陈述是谁 陈述为何	分类 比较 对照 演示 说明 延伸 举例 推断 阐释 列大纲 关联 转述 显示 总结 翻译	应用 建立 选择 构造 发展 实验 识别 访谈 利用 示范 组织 计划 解决 利用	分析 假定 组合 区分 比较 结论 对照 发现 剖析 区别 划分 检查 发挥作用 推理 列举 了解动机 了解关系 简化 调查 参加 测试主题	同意 评价 评估 奖励 选择 比较 形成结论 标准 批评 决定 推断 维护（观点） 确定 驳斥 估计 说明重要性 影响 阐释 判断 证明 标记 测量 意见 感知 优化顺序 测度 推荐 裁决 支持 估价	改编 建立 更改 选择 结合 编写 撰写 构造 创建 删除 设计 发展 讨论 阐述 估计 制定 想象 改进 发明 拟定 最大化 最小化 修改 原创 发起 计划 预测 提出 下结论 解决 假设 测试 形成理论 将…最大化

译自 Anderson, L.W., & Krathwohl, D., 2001[①]

① 同上，个别词汇由于翻译后内涵近似，有所合并。

布鲁姆分类方法的出台和改进，使得教育目标有了一个从低到高的递进结构，很受教育者喜爱。布鲁姆的分类论普及到美国教育的各个层面。连托儿所幼儿园都标榜自己在培养“高端思维能力”。高校管理者则常常依据布鲁姆的目标判断教学成效。教材的出版商则直接将课本所附考题和布鲁姆分类挂钩：考题 A 对应布鲁姆的“综合”目标，考题 B 对应布鲁姆的“评估”目标，等等。我自己在学校的职责之一，是审核老师提交的新课程。在看这些新课程申请材料的时候，我发现老师们一般都在使用这些动词描述课程目标，而且很多人蓄意地平衡“低端”和“高端”的认知技能。这些动词和它们所表现的认知发展需求，已经成为美国教育者心目中的常识。

中国教育比较偏重布鲁姆分类中“低端”技能。只学事实和知识，容易把学生变成书呆子，缺乏实践能力。在了解了布鲁姆的目标分类后，我们接下来也得学会如何“运用”，亦即把目标细化、融入教学活动中。为此，我建议教育界人士认真看一遍这些目标和它们各自对应的动词。宏观的教育决策者可以通过这些动词，反思我们一些重大测评，如高考，是否均衡、合理地考察了学生各个层面的认知技能，有无重大的“漏网之鱼”。

教师在平时教学中，也可以通过这些动词，重新组织自己的教学活动。比如如果你的目标是让学生去创造，可是你的教学测评，却一直在考察他们能否重述和记忆过去的某个结论，那么这种目标和教学之间，就存在严重不协调。根据具体的动词去制定教学目标，本身是很好的教学反思和设计过程。多年以来中国教育的目标，有很多围绕着识记和理解，学生如同困在布鲁姆认知大厦的地下室里。当今教育界的一大使命，是带领学生走出这个地下室。

知识有无高低贵贱?

走出地下室不等于炸毁地下室。布鲁姆分类论也有一些让人意想不到的负面影响，这一结果布鲁姆自己也没有想到。他自称他被误解太多，他说他那本 1956 年出版的《教育目标分类学》是本“被引用得最多而读得最少的书”。分类法问世以来，教育者越来越喜欢追求那些“高大上”的“应用”、“分析”、“综合”、“评估”的“高端技能”(higher order thinking skills)，而识记、理解这些“低端技能”，则被视作“穷挫丑”，被人鄙视着。这高低之说，使得同样有必要学习的技能，有了贵贱之分。实践中我们知道，不是所有的高端技能（比如“分析”）都有价值。我们能把电影明星的一举一动“分析”得一清二楚，可能对自己对社会都没有多少价值。而有一种低端的“知道”，比如什么食物有毒，可能性命攸关。换言之，高端思维技能未必那么高大上。万丈高楼平地起，没有底层的技能，高端技能如空中楼阁。

随着网络普及，知识获取越来越容易，布鲁姆认知目标中的“知识”愈加被人轻视。不错，知识可以随时从谷歌等搜索引擎中调取，但有效的搜索，需要对于特定词汇、事实有所认知。每一个学科，都有一套自己的话语体系，你得去记忆、理解基本的词汇、概念、规则。哪怕这些记忆和理解显得“低端”，但也是我们认知“操作系统”的基本组成部分，不然，进阶到“高端技能”无从说起。

美国特殊禀赋教育专家彭达维斯教授（Edwina Pendarvis）和我多次就这个问题交流。她表示布鲁姆的初衷，可能是“在课堂上试图达成多种教学目标，而不是厚此薄彼……而今很多学校流行的看法是事实可以不用去学，只要去查就可以了。没错，有些事实你可以随时去查，可是要想成为一个领域的专才，你必须掌握大量这个领域里所需的基本事实”。她称如今人们常说的分析能力、评估能力，是一种“程序思维”，有别于“事实”。可是脱离事实的“程序思维”意义不大。分析能力必须附着于学科常识。抽象的、普遍性的思维能力并不存在。学习英国文学所需的那种分析能力，不能平移到编程所需的分析能力，反之亦然。一个人可以学会所谓“程序思维”，比如能做出色的推理，可是基本事实都不知道，也会得出错误结论。认知目标应该均衡发展，我一般不相信那些腹中空空而自称具有能够创造能够解决问题的人。

轻视“低端”认知目标的做法，给美国教育带来了很多弊病。美国中小学数学成效远不及中国，其中很大原因，是太强调“过程性思维”，训练学生解题方法，而不强调基础性事实的记忆。结果学生事实上掌握得不足，又要面对奇怪的解题方法，这让学生、家长、老师都深感受挫。

彭达维斯称，训练“解决问题”能力而不重视基本知识，也来自“美国佬创新”（Yankee ingenuity）的传统。美国一些做大事的人，比如爱迪生，都很擅长解决问题，而在学问上未必多渊博。可是一个国家如果持续地、普遍地轻视“基本学问”，会引发各种社会问题。在经济上，美国把“低端”的技能一一外包，自己重视高端的“创新”。商学院毕业生创造了稀奇古怪的金融衍生品，忽略消费者的基本现实，房贷危机即由此而来。抽象的分析、综合、创造，搞不好是纸上谈兵。而今大家回头来说数据和大数据，也算是一种回归。决策之前，还得看看基本事实都是什么。

在高校，重视知识学习的文史哲学科被轻视，而那些重视“解决问题”的学科，比如商科、工程科、医科被过于看重。不同学科各有各需要掌握的事实，各有各解决问题的方法。识别不同教育目标，而不去偏废哪一种，是布鲁姆的本意。如今布鲁姆分类论中的高端低端说辞被滥用、误用，布鲁姆自己未必都喜欢。人间学问不能泾渭分明地事实摆一堆，分析摆一堆，由低到高线性递进。

大脑电脑轮换用

多年以来，我什么都放在网络上。比如电话号码，美国电话号码基本上都放在手机通讯录上，国内电话号码都放在通讯软件上。我相信我电脑、手机的损坏、丢失、更换，一定会比网络巨头的破产来得早，故而一直相信“云计算”的覆盖能力。但是这种新时代的好记性不如烂笔头做法有个弊端：我几乎什么电话号码都记不得了。到有些地方出差，手机有时候连不上网，也进入不到通讯软件查找号码，一下子跟谁都联系不上了。在异乡的大街小巷，我从云端跌到雾里。

这小小的插曲是跌落数字鸿沟的一次历险。不久我就回到了美国，继续自己的云生活。我依然相信，不一定什么东西都得往大脑里记。大脑应该腾空出来，去做一些更有创造性的事情。我基本上是这么想，也这么做的。把一些过去我们通常要记忆的东西放在外界，把生物的记忆转化成电子记忆，能让我们大脑有限的“带宽”，用来“上传”、“下载”需要经常使用的东西。按照布鲁姆的分类论，我是将大脑多用于所谓高端的技能，用来创造包括本书在内的各种知识产品。而记忆，我则交托给了外部世界，包括笔记本、电脑、手机和各种云盘。当然事实没有这么简单，有些东西还是要去用脑子记的，不然我找都不知道去哪里找。我在上海从云端跌落，就是一些常用事实没有记好导致的问题。这个上一章我们已经描述过，不再赘述。

为了讨论方便，我们先不妨集中探讨一下如下问题：为什么有些东西不需要装到脑子里？不去记，不去学，我们怎样仍能卓有成效？

为什么有些东西不需要去学

在学习任何事物之前，不容忽略的一个问题是，这项内容是否需要我去学习？是否值得我们去学？作为课程设计师，照说我应该支持用教育的手段，让人有所学习，继而得到改变。什么问题我都可以用“学习”这个万能的锤子来解决。

可是任何做人力资源的人可能都知道，人类绩效存在的问题，未必都是知识或者技能的缺乏所致。著名教育设计专家亚历山大·罗米斯佐夫斯基（Alexander Romiszowski）在其《教育系统的设计》一书中提出，绩效问题视类别和性质，应该采取不同的解决方法。教育和培训只是方法之一，不应该是放之四海而皆准的唯一办法。

表 1.2　绩效问题的分析

问题种类	问题分析	解决方案
他这事从来都做不好。	他缺乏必要的预备。	• 教会一些必要的知识和技能 • 转岗 / 轮岗 • 将工作重新规划
	他有必要的预备。	• “告知” • “示范” • 在职培训 • 正式教育（上课）
这事他过去做得还相当不错。	存在问题的任务出现频率过低。	• 计划、练习、事前培训 • 提供手册 • 提供工作辅助工具
	存在问题的任务出现频繁。	• 扩大工作范畴 • 丰富工作内容 • 针对结果提供反馈
事情成败的后果如何？	做得好做得坏一样，没有明显的后果。	• 针对结果提供反馈 • 为做得好的工作增加奖赏
	做得差反倒有好处。	• 消除不当奖励，不让坏的绩效被鼓励 • 为做得好的工作增加奖赏
	做得好反倒被惩罚。	• 消除不当惩罚 • 为低绩效、无绩效增加惩罚
工作如何组织？	方法和工具有缺陷。	• 重新规划工作设备和空间 • 重新规划工作方法或次序
	管理和监督系统存在缺陷。	• 重组责任 • 重组管理系统

译自 Romiszowski，1995

从上表中可以看出，在我们工作或者学习当中，如果我们的努力结果不如人意，最好都先根据上述要素梳理一遍，想想看到底是哪些方面出了问题。绩效技术（human performance technology）是一门新兴的学科，比教育更大一些。国际绩效改进协会（ISPI）于 2011 年进入中国，并于 2015 年召开了年会。绩效改进在企业界已经是熟面孔，在教育界还是新事物。一个人学习不好，我们常常将不同的成因混为一谈，缺乏精细分析的习惯，而匆忙去下结论。学习这种绩效不好，分析起来，原因有如下几大类：

态度问题：亦即愿不愿意？如果一个人有能力但是他不愿意去学，很有可能存在激励问题，比如一开始存在畏难情绪，觉得自己学不会，缺乏信心。另外一个极端，是学习内容太乏味，罗米斯佐夫斯基方案中的“扩大工作范畴”和“丰富工作内涵”就是相应的解决方案。我们学习劲头不足，未必都是学不会，有可能是缺乏挑战，也可能是学习的内容和我们的目标无法挂钩。

能力问题：亦即学起来吃力不吃力？如果学起来吃力，学不会。可能是缺乏一些先前必要的预备，比如相关的预备性知识尚不完整，这需要去弥补，或是降低现有学习内容的难度。老师的教学设计也可能存在问题，比如没有从简单到复杂将内容进行合理分拆和部署。将学习单元化、颗粒化，相应展开教学，并随时给出反馈，有助于精细区分学习者的认知现状。可汗学院的做法值得我们借鉴。他们将学习的内容分解成了不同知识点，各个击破让学生过关斩将。

环境问题：亦即在能力和态度都不存在问题的情况下，学习仍然没有发生，那到底是怎么回事呢？可能是学习环境出了问题，比如缺乏必要的资源和支持。如果这种情况下，为难学习者是不公平的。很多家长常犯这个毛病，忽略环境的因素，把孩子学习不好的问题，统统归结为态度上的原因。环境问题还包括：周围存在干扰因素，如家里太吵，不能让小孩专心学习，也不能让其安心休息。学习者生活中出现了个人问题，比如家人生病。对于学习的结果学习者得不到合理的反馈，等等。

另外，我们从上表中也能看出，有些东西是不需要通过学习来解决的。比如不需要经常去做的事，不需要去学，而可以提供“手册”和“辅助工具”，而不是提供培训。由于美国人工很贵，逼得我很多东西自己动手，包括家里搅拌器的安装、热水炉的打火、汽车尾灯的更换、刷墙、补墙等等。大部分这些任务，我并不需要经常去做，没有必要专门去学，往往是学了很久不用，然后很快又忘记了。我会在需要的时候去视频网站上看录像，跟着做。

善用电子绩效支持

要认识到绩效问题的所在，就需要进行系统的分析。一旦分析起来，我们发现促成绩效的原因原来如此复杂。我们还要回归到一些非常根本的问题：人们的工作或者学习内在动机为何？哪些技能人们希望通过学习来掌握？哪些技能可以通过外在工具来支持？

EPSS 是绩效思维的产物。它的全称是 Electronic Performance Support System，即电子绩效支持系统。这个词语的发明者是美国学者格劳莉娅·葛瑞（Gloria Gery）。她在 1990 年出版的一本关于电子绩效支持系统的书中称，工作场所急剧变化，技能更迭迅捷，传统的传帮带方法已无法适应环境的变化，课堂培训费用高昂，且须中断日常工作。因此，有必要将培训“植入”日常的工作当中，利用“一个整合的电子环境，让所有的员工都能够轻易得到适时的、个人化的全套支持服务，以保证员工在尽可能少依赖外界帮助的情况下，达成自己的工作绩效”。

这是一个外延很广的界定，包括上面说的各种工作辅助工具、工作流程整合系统、客户管理系统、财务系统——几乎所有支持绩效的系统，都可以归入 EPSS。

这是一个被严重低估的说法。EPSS 发明后，没有红火起来，原因之一，是发明这个词汇的葛瑞女士，并未继续跟进这个说法，让其发扬光大。我曾经和她联系过一次，那时候她已经退休，去了罗马尼亚一个孤儿院做义工。她声称不再关注 EPSS。同样，提出了绩效分析表并让我们以系统思维去考察人类绩效问题的罗米斯佐夫斯基，也因健康原因，后来不再像过去那样引导人们的思维了。新的说法，例如网络学习成了新潮流，大家一窝蜂去追赶了。

细看之下，很多工具，分明是在做 EPSS 的事，却冠名网络学习或者在线学习。很多软件系统非常复杂，供应商会提供贴心的向导、帮助和指引文件。有时候这些帮助是文本文件，有时候是需要时按个问号就弹出的帮助窗口，有时候这些辅助是一两分钟的短录像，随时随地供人调阅。这些工具，与其说是教人学习如何使用某些功能，倒不如说是提供随时随地的绩效支持。

EPSS 的理论依据是“认知分散化”理论。也就是说，工作者完成工作绩效，需要的知识和技能一部分存在于外界，一部分需要内化。存在于外界的知识可以通过各种信息技术系统来实现。需要培训、辅导、咨询等传统学习方式来解决的，则是需要内化的知识和技能。

对于学习者来说，了解不需要学习的东西，和需要学习的东西一样重要。认知之所以需要分散，是因为从短期记忆来看，人脑不是电脑，同时给大脑添加过重认知负荷，会影响我们大脑运作的效率，使得需要我们去掌握的知识三过家门而不入。从长远看，人一生精力时间有限，不可能什么都学，聚焦一点，能让我们在需要学习的时候，效果更出色。

那么什么东西可以不学呢？我想可以把罗米斯佐夫斯基的表格反过来用，问自己如下的问题：

- 这内容和我的目标有关吗？
- 这内容以后我需要经常性使用吗？
- 学会了它，我得到的益处是什么？
- 不去学会，需要的时候我能不能及时获得支持？
- 不去学会，时不时去调阅帮助文件、问人、看教程，会不会严重影响我的效率？
- 内容没有掌握，会不会影响我掌握其他内容？
- 内容没有掌握，会不会让我在他人面前看起来愚蠢？

为了释放思维的“内存”，学习者也需要一套“电子学习支持系统”（Electronic Learning Support System），这套系统包括哪些内容呢？我下面举几个例子：

1. 账户管理：可以帮助我们随时调阅非常用的信息。由于现在我们的网络账户很多，用户名和密码有的有特殊要求，导致我们无法使用统一的用户名和密码。很多主流网络浏览器，也有密码存储功能，可直接使用。但是一旦电脑被盗，便存在安全风险。也有的人开始使用“终极密码”[①]，收藏自己所有的用户名、密码。这种终极密码可以从任何电脑上登录查看，不过同样需要注意的是，终极密码的主密码需要加密，且经常更换，如此方不至被人盗用。如果实在不放心，也可以使用自己认为合适的其他方式记录，比如加密的 Word 文档等。

2. 通讯录：电话号码除了手机上的通讯录之外，也可以使用网络通讯软件的通讯录等手段存储，并分门别类更新。现在中国人多用微信，微信也有标签功能，我们可以将亲戚、朋友、同学的账号分类管理，这样不至于杂乱无章，而又能在需要的时候随时调阅。

3. 各类“帮助”、“向导”和教程：一些软件，常用的功能需要进入大脑记忆，这样以免需要的时候查找浪费时间，而不大常用的功能，未必需要花时间去学，可以善于使用它们的帮助和向导文件。很多软件都有“帮助”功能，大家可在需要的时候，随时去看它们的一些非常用功能。软件公司为了鼓励使用，也多提供“资源中心”，以文字、截图、录像的方式，教人如何使用。知道如何调用这些资源，可能比学会这些资源更为重要。

4. 相关辅助型应用和软件。很多软件本身就是当作助手来使用的。美国的 Lynda 网站提供各种软件的教程，教程本身比较颗

① 网址：http://eastpass.com。

粒化，可以在大家学得八九不离十的时候，调阅某个具体功能的使用。我自己的手机、iPad 上，都装有视频网站客户端，它上面也可以随时搜索到各种热心人提供的教程。而“下厨房”这样的食谱应用，可以让人做饭的时候不求人，能学到不那么常用的菜谱。

这类工具的使用，让我们把一些不需要占用大脑“内存”的内容释放出来。与此同时，另外一些技术手段，可以帮助我们把知识装进大脑里，比如云笔记、文献整理工具等，这些工具和技术，我们将在关于练习的第四章中具体描述。

数字空间的“断舍离”

前一段时间收拾东西，想让女儿将滚轮鞋处理掉。她舍不得，说鞋子很好，买来很贵。当初再贵，现在小了，不能穿，留在家里攒灰？她说“我的东西你没有权利处理”。说到权利了，呼吸美国空气长大的就不一样。种种借口，说到底，还是对于自己的物品有感情迷恋，可以理解，但只能用别的方法来说服。于是我拎了一包点击器（clickers）去找她。

前一段时间有个老师换办公室，说有一套点击器，原来是从我们单位借的，现在要还回来。我接了下来，准备捐给女儿学校。点击器当年很流行，学生人手一个，就像拿遥控器一样，老师说这题大家选什么？学生就在下面点击 ABCD 或者正误。学校上了新的课程管理系统后，这一切通过手机应用就可以解决。点击器系统成了废物。一个人的废物，可能是另外一个人的宝贝。这就是世界上存在 eBay 和淘宝的原因。在中学，学生课堂上不可以用手机，所以这种功能有限的点击器学生还在用，如果捐给中学，他们可以派上用场。

言归正传，我跟女儿说：“你知道这套点击器系统多少钱？”

“两百？”

“不，当初我们买的时候应该是三千多。”

“这么贵你们捐出去干什么？”

“不管当年买来多贵，目前对我们没有用，对他人有用，就可以捐出去。东西是要人用的。”

拥有和占有是有成本的。喜欢收藏东西的人，总觉得某物指不定什么时候就会派上用场，结果却只是在家里占地方。我们这里房价还好，可在国内很多地方，一平方米得多少钱啊？何必把宝贵的地方留给可能永远也不会用的东西？东西多而杂乱，翻找多花时间。一眼看过去满目混乱，也影响心情。通过出卖、捐出等方式腾出去，又能帮助他人，岂非双赢？会过日子的人，尤其是家庭主妇，换季就把小了的衣服整理出来处理掉。孩子衣柜里简单，也减少他们不必要的寻找和选择。

回国的时候，一位同学跟我介绍了三个字“断舍离”。她简要介绍这到底是什么意思，我一听颇为赞同。此说来自日本收纳顾问山下英子所著的《断舍离》一书。书中“断”指不买也不收藏不需要的东西。“舍”指丢掉堆着没用的东西。“离”是指舍弃对物的感情迷恋，打开自己的生活空间。

“断舍离”一说，在物质逐渐丰富的中国中产家庭中，已成新的风尚。在这过剩时代，我们如何面对我们的电子生活呢？同样，数字生活也需“断舍离”。当今学习者需要处理的文件多不胜数。整理各种文件夹、相册、邮件的重要性，一点不低于整理碗柜和衣橱。各位想想看，为了寻找正确版本的文件和图片，我们浪费了多少时间啊？

我和老师合作很多。很多老师教学多年，电脑里存有不知多少文件，版本繁多，杂乱无章，想找到需要的文件，得一一打开，了解到底哪一个是正确版本。我本来是帮他们开发课程，结果发现，他们找不到需要的文件。我们大部分时间用在了查找和整理上。我随便举两个例子：

教授A，接手了另外一个老师的课程，这位老师把自己的所有教学文件，通过网络分享给他。这些文件中有的是PPT文件，有的是其它格式的演示文档，内容一样，且有多个版本。我让他下载下来，整理好再上传，结果发现其下载文件夹里有几千个文件。下载了我知道可以根据创立时间查找，他自己不知道，每次都在文件的汪洋大海里翻找半天。这可能是日复一日，年复一年在无端浪费时间。我帮他删掉了重复的文件，重新将文件归类好，他喜笑颜开。

教授B，在其电脑桌面上存储所有文件，整个桌面如同杂物仓库。另外，她有学生给她分享的电子课本的七八个文件，名字类似，但她介绍，应该是不同章节的内容。我们需要将正确的文件放入课程管理软件，但是我们必须将一个个文件打开，判定哪一个是正确版本。问题是由于她和学生合作完成电子课本编写，有的版本有甲部分更新了，乙部分没有更新；而她自己是乙部分更新了，甲部分没有更新。在合并之前，我们没法做下面的事，她说她需要回去，和学生重新确定好版本，我们才能接着做下一步的事。

由于他们网络空间没有“断舍离”，什么都留存，我们正常的工作无法开展。我在帮他们重新整理的过程中，变相成为数字空间的收纳顾问。文件的杂乱，会耽误老师和学生时间和精力，造成诸多受挫感。学习者的数字空间和物理空间一样，如果不清理，则越多越坏事。如果对我们的数字生活有整理的习惯，会减少冗余，减少查找带来的干扰，更加专注地做事。很多时候，对效率的干扰来自我们自己。

这些数字空间的杂乱一般是受如下几个迷思误导：

无限空间。我们办公和住家场所的空间是有限的。再不喜欢整理的人，家里无处下脚的时候，总要做些什么。有时候我们出于虚荣，会在客人来家里前突击打扫，不想给人乱糟糟的坏印象。我们电脑和网络空间的存储容量越来越大，电脑、手机一关，什么也看不见。表面上“眼不见为净”，实际上每一次打开我们的手机和电脑我们还需日复一日面对同样的问题。这种杂乱带来的低效惊人。

珍藏记忆。很多文件，尤其是照片，我们害怕每一刻都值得保留，失去的时光就再难返回，结果存了无数照片。由于数量太多，又没有合理归类和备份，结果反而在换电脑、换手机时全部丢掉。

潜在用途。很多文件我们总害怕以后需要，舍不得删除。可是同样文件可能存在于我们的其他电子储存空间，造成版本繁多。真正需要的文件，应该归类起来放好，而不是什么文件都留着。

搜索引擎。很多人把文件胡乱摆放，最终多了找不到，希望借助各种搜索方法找到。不能过度相信搜索的作用。如果我们没有正确的命名和标签，搜索也不容易，所需时间甚至可能超过另起炉灶。

对于这些情况，根据我个人的经验，给大家如下建议：

定期大扫除。应该定期抽出时间整理自己的电子资料，让其分门别类，有序可循，需要时可随时调阅。总是不花时间去整理、备份，一旦电脑丢掉、坏掉，才想起来，可能悔之晚矣。即便可以抢救过来，更换设备的时候，重新搬移，同样得花时间，而且他人得等你完成了整理才能帮你更新，这样也会浪费他人时间。

清理的时候，要像山下英子对整理衣物所说的那样，要全部拿出来，针对每一个文件都有所处理：要么放入特定文件夹存留，要么合并，要么删除。对于电子邮件的处理也是一样，一件邮件看完之后，要么回复，要么暂时归类，要么删除。我自己每天工作的第一件事，就是把我电脑桌面清空。文件要不归类存储，要不删除。反正桌面上每一天都白茫茫一片，这减少了我的很多干扰。

管理文件版本。大部分学习者的作业和工作文件，会因在不同设备上使用，留下多个版本，复杂难辨。我建议，除了特殊用途外，同样的文件只留一个最终版本。工作过程中的版本只保留一段时间，过期不候，一律删除。不同用途的文件，建议用自己看得懂的名字命名，不与其他版本相互混淆。

使用云空间。与人分享文件的时候，如果我们用电子邮件、微信等方式发送，对方修改，我们这边同时也在改，会产生多个版本无法合并等诸多问题。建议大家利用谷歌空间、百度云等，建立共享空间，约定好大家版本统一放在该空间内。很多联机办公软件可大家同时在线版本更新，如果不能使用这些软件，而使用其他线下程序更新，需约定更新顺序，以免产生让人晕头转向的无数版本。

有时候人们害怕云空间不安全，其实只要经常使用，保持密码更新，云空间会比我们自己的设备更安全。我们自己的电脑随时会坏掉，手机会被人偷，而谷歌或者百度恐怕一时不会倒闭。用我们自己的设备作为备份工具更不靠谱。想想看我们那些进水的手机，坏掉的电脑，丢掉的U盘吧！

建立备份系统。现在备份的空间包括Dropbox、Box、谷歌、百度、印象笔记等等。相册的备份空间也有很多。我们应该找到一个合理的空间，将自己的文件备份，不要备份诸多版本，到头来自己也不知道东西放到了哪里。选择空间时的考虑包括：这种备份空间是否安全？可否随时能够进入？有无容量限制？如果收费，是否在自己支付能力之内？选择好之后，可以利用应用的自动备份功能，及时备份，而不需要另行去花时间。备份空间也需要经常查看，该整理的要整理，免得它成为新的杂物间。大家不要贪图小便宜，只用功能有限的某些产品，到时候空间满了又得另外想办法，来回折腾浪费时间。要知道，时间也是金钱。

“就近处理”。文件归类处理时，应该就近处理。也就是同一任务的相关文件，应该放在一起。比如我读书的时候，我会利用文献管理软件记录文献格式，存储图书封面（因为很多书评版面需要提供图书封面）、随手记录笔记，所有相关资料我全放一起，而不是按照文件格式来归类，比如文档放一起，文献引用条目放一起，图片放一起，笔记放一起。应该多选择能收藏多种文件格式的集成式文件处理工具，包括印象笔记等，来整理这些资料。就近处理的好处是：当我们需要完成相关任务的时候，比如写报告、评论，我们会在同样的地方找到所有资料，不至于东找西找浪费时间。当我们提交作业或者任务给他人的时候，我们也可以同时将所有相关文件及时、便捷地传给需要的人。

随手处理。每次遇到新的信息，如果日后需要，要随手整理，不要指望以后再去花时间，你不大可能有这个时间的。后来去翻找，可能也找不到。当我们遇到新朋友的时候，不要留存那些名片，我的办法是：中国人我找他们的微信，当场添加。有的人添加之后发现并不靠谱，此时再删不迟；美国人我找他们的Linkedin[①]；附近的人，当随手留其电话或电子邮件。我有时候写在纸上，后来很快发现纸丢了，联系方法随之丢掉，再次去要，终归显得不太方便。工作文件也是这样，处理完之后，就归类放在另外一个地方，而把相关邮件删除。在和人约见的时候，与其来回发信约定时间，有时候不如直接根据大致时间发日历邀请，明确告知，对方有时间就直接接受邀请，这样同样的事项会出现在对方电子日历上。我也告知对方，如果时间不合适，欢迎修改时间。这样需要七八步完成的安排，我发现通过这种邀请的办法，一两个来回就可以解决。

学会放弃。很多人舍不得丢弃自己的数字文件。我发现当我在整理的时候，能够割爱的东西太多，舍不得放弃，则得不到专注。即便一时间没有办法了解某些资料是否使用，起码要在工作文件夹中，保持空

① 网址：http:// linkedin.com，美国的社交网站，多用于管理我们职业上的个人空间和联系人。

间的整洁。文件越少，我们的思维空间越活跃。文件乱了和衣物乱了一样，影响心情和做事效率。有些文件完全是不必要的。下载的程序文件安装之后，原来的安装文件就马上可以删除。录像文件制作并提交给老师（或客户等群体），录像制作过程中的项目文件可以保留一段时间（以便修改），但是发布之后，可以将其备份或者删除，不要让其继续占用自己的时间和空间——这二者在信息过剩时代才是稀缺品。

多生活少记录。传统的照相机和胶卷以及冲印都要另外花钱，让人珍惜每一张照片。如今大部分手机都有相机功能，人们记录更频繁。记录得多，照片就没有那么珍贵了。新生父母对孩子的一举一动都要拍摄一番。一伙人聚餐，饭一个没吃，大家一个个在对着餐桌拍摄，然后发朋友圈的发朋友圈，发信息的发信息，倒是把聚会时的交流给减少了。青少年成天在自拍，相机里不知存了多少良莠不齐的臭美照片。我建议大家（也包括我自己）多参与生活，少一些记录。不要把美好的瞬间全留给相机，而留给自己的眼睛和心灵。我发现，用心的回忆，比翻看旧日的相册更有意思。如果记录了，应该及时整理，只存留极少量精品，而不是泥沙俱下地存放在自己的手机和电脑里等着以后来收拾。我们甚至可以给自己一个纪律：除非特别需要外，一天不要保留超过五张照片。请大家尝试一周看看，我相信这么去做，不仅数字生活简化很多，摄影水平也会大幅度提高。

当我们的数字空间整洁有序的时候，我们的学习、工作效率会更高，心情更愉快，不信大家尝试一下。不要再等了，就在看完本文后，来一次文件的大处理吧。

用设计思维摆放知识

记得有一年，去药房拿药回来，夫人问：你有没有问这药是怎么吃的？我回答说：用嘴吃。结果被臭骂一顿。我觉得冤枉。我的想法是这个问题还用问吗？这种小孩子吃的维生素又不是处方药，医生甚至没有给医嘱，那药瓶上还能不写吗？我拿出药瓶，左看右看，只写着一次吃 1.0 毫升。是一天 1.0 毫升，每六小时，还是一星期？没说。我又拿出夹在里面的说明书，然后再看纸盒子，左看右看上看下看，就是找不到是每隔多久吃一次的任何信息，虽然每个能写字的地方都写得满满的。我只好打电话问医生，才把问题给解决。如果是以往发生这种问题，我不用劳动我们家那位的口舌，我自己都会骂自己的愚计有问题，不去自责了。

创办数字设备公司（DEC）的肯尼思·奥尔森（Kenneth Olsen）在公司的年度会议上无奈地宣布，他一直没有搞懂如何用公司的微波炉来热咖啡。《日常的设计》作者诺曼的朋友买了个电子表，老半天都调不好，无奈地摇头说：要把这表调对，得有麻省理工的工科硕士学位才行。诺曼说正是，我就是麻省理工的工科硕士，可我也调不对。不会用微波炉热咖啡的奥尔森拥有麻省理工的两个工科硕士学位。有时候我们睡觉不好怪床歪，可能床真是歪的。

不一定所有的知识都必须放在大脑里。放在外界，也是有学问的。信息的摆放、分类合理，便于人们的识别、查找，这里面是有大学问的，这需要设计思维。设计思维说来话长，我们不妨谈谈上述一书中说到的浅显而实用的四大原则。我个人长期使用这些原则设计课程，获益匪浅。

设计是一门很大的学问。它是设计者和使用者通过产品实现的无声交流。按照《日常的设计》一书的说法，好的设计应该具备如下特征：

名实一致（accordances）：名实一致，是指能否从表面的呈现方式上，看到事物的实际功用。比如一个矮矮的敞口的容器，可能被看成烟灰缸，虽然你可能是想把它设计成笔筒。刀形的东西，我们就想着用它来切东西。思维有一定的定势，除非你有别的方法将这定势打破，否则你最好顺应潮流，按照这定势来设计，如果你不希望有人把烟灰弹入你的笔筒的话。

使用限制（constraints）：给使用者增加限制，使得他犯不成错误。比如电脑的各种接口，最好设计成一个萝卜一个坑，你想插错都难。汽车的功能设计在这方面就非常好，你如果不拉手刹，就没法发动。如果这方面给用户选择太多，用户不会喜欢，也会发生问题和事故。我所在城市的伊利法官大道和安波大道的交叉路口经常出交通事故。我们的城市很小，交通也不繁忙，我呆了多年都没有遇到几次堵车。为什么常有交通事故？我发现一个很大的原因，是道路的设计，违反了一些常理。比如限制不够多，四个方向的主道和辅道，都存在需要人为判断的情形。人的判断总是可能失误的，一个方向需要判断，都有可能发生交通事故，何况各个方向都需要判断？当初的设计者提供辅道，是为了开车的人方便，给了他们很多自由和选择，但这种选择的作用是负面的。在很多地方，在双向道路的中间，有一条双向都可以行驶的切换道，这种切换，反而增加了很多事故。同样，这是给人多了选择，多了失误的可能，这都违反了以上使用限制原则。

自然对应（mapping）：在智能手机出现之前，电话的功能也很多，如果你不去玩，有很多功能就会废弃不用。有些功能是数字组合而成的，而这种组合是一种人工的，随机的组合，比如 # 键加 666 联系客服。这些组合，并不能在用户的头脑里形成自然的对应。苹果带来的革命，是将 iPhone 上的功能，和日程生活中我们所要做的事，很好地对应了起来。你不再需要去强记是功能键加上某某键才可达成你需要的目标。点击电视机图样的图标，可以直接去看视频，这样即便是对技术存在畏难情绪的老人，也都可以在稍加指导后上手使用。

及时反馈（feedback）：这个原则是指使用者采取了某个行动，会有及时、明显的反馈。汽车上的各种功能要比各种新的电话少，但是掌握起来，失误却少得多。因为汽车上的每个功能执行起来，都会有即刻的反馈。打电话时候按错了某个复杂的键，拨给一个错误的人，你或许只有等对方接听电话的时候才发觉。

《日常的设计》一书封面上有一只茶壶，茶壶的壶嘴和把手在同样一边，如果你倒茶，你很有可能就把自己烫伤。有问题的设计几乎无处不在。有时候不出点事情，还没有人想起来去追究设计者的责任。有个笨贼，偷到人家的车库，结果要离开时无论如何打不开车库之门，而主人又出去度假数日。笨贼在车库里饿了几天，冻了几天，吃够苦头。主人回家后，笨贼终于逃出，头一件事就去控告车库主人，说这车库门设计不合理，造成自己身心健康蒙受损失。官司居然赢了。

从教育的角度来看，现在人人都说以学生为本的教育（student-centered education）。真正设计给学生的教育，应该体现寻常事物设计中的同样的理念。比如课程的设计里，应运用上述原则：

表 1.3　设计原理在网课设计中的运用

设计原则	• 好的网课设计	• 不好的网课设计
名实一致	• 功能使用恰当，比如用讨论的工具开展讨论	• 功能误用，用讨论的工具收发作业 • 功能滥用，比如老师熟悉测验工具，便使用该工具去“包治百病”
使用限制	• 一个萝卜一个坑，学生不需要费脑子在不同地方找同样的东西 • 老师的内容设置从一个单元到另外一个单元有一定的规律 • 一个内容只有一个版本	• 学生从不同的路径，均可以找到同样的内容 • 看不出老师有任何规划 • 内容放置混乱，且不同地方甚至不同学生看到的内容不一样，大家不知道哪个版本是对的

续表

自然对应	• 如果用图表、缩略语、符号来象征内容，这种象征应该能够容易看出来，而不需要费力琢磨 • 课程的单元名称应该和老师教学单元的名称（比如周、章节）自然对应	• 图表、符号过于抽象，看不出和内容的直接关系 • 学生的精力被这些装饰所分散，无法专注于内容 • 内容网上一套，网下一套，并不对应
及时反馈	• 学生测验之后，在合适的时间范围之内，可看到成绩，哪些地方正确，哪些地方错误，正确答案是什么，等等 • 作业提交，有提交的相关确认信息 • 学生如果点错，应该能得到反馈	• 学生一项任务提交成功与否根本看不出来 • 系统或者老师没有在合理时间范围之内，对学生的活动提供反馈

学习的设计，或许不会人命关天，但可能给学生增加失败、失误、困惑、受挫的体验，也给老师增加了不必要的工作。比如选择太多，对应不自然，学生不敢肯定，必然频繁去问老师，耽误老师时间。这也是一些教育者抵触技术的原因。我相信，通过精心的设计，很多学习道路上的坑洞和陷阱都可以避免。回到知识是装到世界上、电脑上还是头脑里的话题：我觉得，学习的体验，在世界上的摆放越用心，进入学生大脑就越容易。

第二章

训练学霸思维

世上有很多人，从小到大都不肯用开放的大脑，去迎接开放的门户。

——美国作家 E. B. 怀特

引言

或许在其他领域，存在“龙生龙，凤生凤，老鼠的儿子会打洞”这种现象，但是学习对我们所有人都是平等的。如果我们训练出好的思维习惯，学霸会俯拾皆是。反过来，如果我们思维习惯坏掉，聪明人也会变笨。聪明和愚蠢，是今生修的，并不是一成不变。本章我们说说如何像驯兽一样训练自己的大脑，我们会讨论：如何训练开放性思维？心理学界常说的“成长心态”到底是什么？教育者和家长怎样通过科学的赏识，训练成长思维？如何走出习得性无助的学渣思维？如何进入我们的学习“流畅境界”？

训练开放型思维

我们说孩子笨的时候，会说他们的脑子就好比“花岗岩脑子”，“枪子都打不进去”。一些分明智商正常甚至很高的成人，最终也越来越蠢。你有没有发现，打小和你一起长大的同学当中，有的人过去聪明伶俐，能言善辩，你以为随着阅历增长，他们的智慧会水涨船高。当你参加同学聚会的时候，你发现并不是这样，过去他们眼里的火花已经不复存在，对方已经泯然众人矣。在社交媒体的朋友圈上，你会看到他们成天发送你不屑一顾的文章，你会纳闷，当年的那个他（她），究竟被谁吞吃了？

可是另外一些人，岁月不断地在打磨他们的思维，见面时你真会有士别三日当刮目相看的感觉。我有个亲戚，小学都没有毕业，后来在家乡白手起家，办起了企业，成了我们当地纳税大户。虽然他仍然谦虚，自嘲自己换了今天，没有人会给他工作。但听他谈吐，见识远超过我周围很多高学历的人。

我的家乡是一个从众压力很大的地方。对一个人的莫大贬低，是这人“不同于人”。受这种思维影响，很多人做事跟风。比如农民种植经济作物，一年薄荷油高价的时候，次年所有人都种，结果供过于求，迅速降价。后来城市绿化建设，需要风景树，如樟树，看到有人卖樟树发了财，其他人就把田地都拿出来种树。十年树木真不是虚的，樟树还没成材，桂花树又时兴起来了，樟树很快变得不值钱。我这位亲戚在家乡做瓶盖，很多人看到到处都有卖酒的，纷纷做酒瓶的瓶盖。新政策大力反腐之后，酒不好卖，不少厂一下子陷入困顿，甚至破产。我这亲戚没有跟风，而是去做调味品比如酱油瓶、醋瓶的盖子。这些产品为生活必需，不受市场影响太大。

思维封闭的人，由于缺乏对于外在环境的揣摩，容易盲目跟风，这样永远慢市场一拍。读书人也是这样，我看到同龄人中，有的一辈子不断地在考各种证书，永远处在追赶社会需求的阶段，没法突破。

人和人的分化过程是怎么发生的？这和知识的多寡未必有多大关系，而和思维习惯关系很大。我曾看过《思维的主动封闭》（*Motivated Closing of the Mind*）一文。此文洋洋洒洒20多页，心理学术语过多，我后来试图通俗地再现它的大意，发现它其实是在说，蠢人先入为主地坚持早先接受的观念，什么东西都往同一个篮子里装，拒绝接受新生事物，结果会越来越蠢。换言之，那些人别人说什么都听不进去，而是坚持自己先前接触到的一些观念，把脑子封闭起来，甚至把自己圈子也封闭起来，结果一些年下来，原本很聪明的人，也会变得越来越蠢。

大脑是硬化得像花岗岩一样，最后什么也吸收不进去，还是像海绵一样吸收能力超强，关键在于我们能否有意地对自己的思维习惯进行改造。人出于本能，在发现新的信息时，会将其向熟悉的思维模式上靠，迫不及待地追求“完结”（closure），亦即形成一个结论，尤其是自己过去熟悉的结论。过去的这种结论，会冻结我们的思维。这个过程中，我们往往会将新的信息，误以为是旧信息的翻版。拥有这个倾向的人喜欢说：

- “你说的这个我早就知道了。”
- “这不就是我们当年学的……吗？搞出这么多说法来。”
- “这点简单的道理你还写一大堆文字。”（其实道理他仅仅“知道”，并不理解，更谈不上应用。）
- “这玩意十几年前就学过了。”（没法准确辨识新的环境和“这玩意”在新环境下的微妙变化。）

遇到新模式也被强行放入旧模式，这样他的大脑会越来越萎缩。这种人也习惯寻找认同自己的小圈子，而对打破自己观念和思维的任何东西存有戒心。

而一个学习型的人思维开放，比较延迟下这种结论，而愿意看看新的信息中有无新的模式。遇到一个说法，哪怕是熟悉的东西，他们的习惯反应是：

- “你说的我貌似有点熟悉，你能不能举个例子，我看是不是一回事？”
- “这情况能不能举个反例？”
- “等等，你让我来描述一下，你看是不是跟你讲的一回事？”
- “你这么说有点抽象，关于……概念，你能不能进一步描述一下？”

如有所发现，旧的思维模式就得到了拓展，或者是新的见识和旧有的情况发生了关联，这就是学习发生的过程。这个过程有些杂乱，很多前提假设在碰撞，所以一时间不可能有明确结论，所以会产生一些模糊和不确定性。学习型的人能容忍、甚至欢迎各方面信息的模糊和不确定性，而不在害怕当中，匆匆回到自己旧有的、自以为安全的思维里。

这种总结，不仅仅适用于观念的接受，也一样适用于语言的学习和形形色色的各种其他学习。比如学英语，为什么有的人学得好比鬼打墙，始终原地踏步？其原因之一，恐怕就是没有训练自己的思维变得更开放，让新知容易进来。我们的教学有个很大的弊病，接下来我们还会继续描述，就是过于强调“熟能生巧”，让学生误以为自己看了多遍的东西，自己已经掌握，实际上可能只是布鲁姆的认知分类中的“识记”，但是不会分析、应用，其实还没有达到精熟的程度。下次看到同样的内容，同样面熟，大脑则自动关闭，同时发出信息，告知学习者这内容可以过了。其实是需要深入掌握的内容，却可能“三过家门而不入”，故而学习者会一直处在思维封闭状态。

好消息是，这样的思维习惯训练，是大部分人都可以做到的。那么怎样养成开放性思维的好习惯呢?《思维的主动封闭》一文中对两种人做过比较，可能可操作性更强，下面我试图用通俗的语言重新整理一下：

表 2.1　思维封闭的人和思维开放的人具体思维习惯对比

	思维封闭	思维开放
个性	威权化、呆板	灵活
信心	没来由的自信	自信，但也降低自己接受他人意见
确定感	追求确定感	能拥抱不确定性
认同感	追求和自己观念类似的人	对和自己观点类似的人表示警惕
模糊感	尽量减少模糊性	能容忍模糊性
早期信息	抓取、冻结	支持、变化
新的信息	寻求模式化信息	需求诊断性信息
新的体验	比较排斥自己不熟悉的幻想、美感、感觉、行动、思维、价值观	能去接触自己不熟悉的幻想、美感、感觉、行动、思维、价值观
新的假设	排斥，倾向于接受过去的假设	审查，将其放在和旧假设同等重要的位置

译自 Kruglanski & Webster, 1996

这上面提到的思维习惯中，可能最难以接受的是“容忍模糊性”。多年标准化测试也在很多人头脑中产生了一种不好的期待，那就是凡事都有一个正确的答案。遇到一个问题，人们匆匆寻求答案。比如遇到一个案件，人们多以为律师是内行人，应该知道“标准答案”是什么。以侵犯知识产权为例，我们可能会认为一个人要么侵权，要么不侵权。我参加过的一次美国高教信息会议上，哈佛大学的劳伦斯·莱斯格（Lawrence Lessig）发表主题演讲中称：“外界给了法律界人士他们不配的权威性”，他说其实灰色地带非常之多。以版权为例，美国有的知识产权是被保护的，比如迪斯尼的卡通肖像使用权，据说是有小孩子生日晚会上用到，都被追究过。另外一些知识产权，却完全是对外开放的，任何人都可以免费使用，比如政府部门发布的数据、报告等，这属于公有领域（public domain）。还有一些使用，如教育者在课堂上一次使用某些资料，仅为教育用途，是受“合理使用”（fair use）原则允许的。莱斯格甚至称，版权保护的做法，初衷是保护版权所有者的权益，比如作曲家需要通过卖自己的曲子赚钱，当然不希望你去擅自使用。可是到了今日，法律已经落后于技术发展，比如一些老式纪录片录像带需要翻录成数字版本，得征求纪录片涉及的所有人员授权。而一些相关人员可能早已去世。当初纪录片的制作者或版权所有人，即便自己想翻录成数字版，也不能如愿。换言之，版权保护在这些情况下，就成了侵害所有人利益的东西。

这些复杂的现实，使得我们面临的很多问题，存在模糊性和不确定性，使得非此即彼的判断变得很不可靠。能宽容接纳模糊性和不确定性的人，对于现实的复杂因素，一般会有更强的敏感度，考虑问题也比较深入。但是，对于很多人来说，模糊性和复杂性，造成了极大焦虑和恐慌。思维的刻板和对模糊性的排斥，造成了一种死循环：思维越刻板，就越不能接受灵活变更；越不接受灵活变更，思维就变得越刻板。

解决的办法，有时候是要打破思维的范式，也就是俗称的换脑筋。我曾听到过美国著名基督教畅销书作家麦克斯·路卡杜（Max

Lucado）的一次演讲。他说过去受出版商的影响，要去参加活动售书。作为一个牧师，他对这种比较商业化的行为颇不习惯，后来他改变了思维，把每一次这种无奈的活动，当成他神职人员训练中所追求的宣道之旅，这样很快进入了状态。

对于模糊性需要的思维范式更新，类似于从赶路到散步的改变。假如我们只是追求从甲目的地到乙目的地，匆忙赶路，自然中间一出差错，我们就都会着急。现实的模糊性会给我们增加各种岔路口。可是如果我们散步的话，就如同一首英文老歌里唱的那样，我们可以边走边看（wander and wonder），那就是不一样的心境和收获了。

多年以来，我自己的工作是和高校教师打交道。一些高校教授的古怪、执着是出了名的。我每次到一个新单位，都有同事抱怨这些怪人教授。他们只是做一份工作而已，追求的是效率。怪人教授不按规矩出牌，造成工作人员的焦虑。我倒是很乐意接触这些教授。我自称美国教育的一个“卧底”，一边做日常工作，一边了解美国高校的运作和文化。这些古怪的教授，反而给了我新的灵感。思维方式不同，自然我就能对模糊的、不能归巢就范的情形毫无排斥。

另外，我觉得训练自己开放思维还需要如下三个因素：

一、回音。我们装在脑子里的想法，得设法倾倒出来，找一个“回音壁”式的人物，看他们的反应。我做课程设计师多年，说白了很多时候是在做“回音壁”，我听内容专家（如老师）跟我谈论他的课程如何设计。由于对内容的陌生，末了我未必能提供什么洞见，但是我可以以一个“新鲜人”的目光提供合适的反馈，让其反思自己认为合理的教学方法，是否真能深入学习者的大脑。当一个观念在脑子揣了很久的时候，我们可能已经陷入隧道式思维，自己已经走不出去。他人的反馈，能给我们及时校正的机会。

二、抬杠。和上面的因素类似，目的都是打破思维僵局，发现思维盲点，不同的是，你是让这种人专门找茬的。回音壁可能为你提供一些认同的反馈，而抬杠的人，就是到处查找你思维、逻辑的漏洞。一些有经验的会议主持者还专门设立“恶魔代言人”（devil's advocate）这种角色，他们如同朝廷的谏官，要方方面面地审核某个说法，找到究竟还有哪些薄弱的环节，判断到底能不能过关。

三、实践。最后也最重要的做法，是去实践。没有比带着问题去学习，更能考验我们思维缜密程度的了。这种实践不是匆忙上马项目，而是在代价相对较低、环境相对安全的情况下去实践，迅速得到反馈，从而识别我们某个想法的实际效果。在硅谷，一个流行的说法是“早点失败，经常失败”（Fail early. Fail often），其目的是让我们得到相应的反馈，好去完善我们开始的想法。

训练成长心态

美国著名网络学堂可汗学院的创办人萨尔曼·可汗（Salman Khan）撰文称："我永远不会赞扬我儿子聪明。"他说："我不会赞扬我儿子他已经擅长的东西，而是赞扬他面对难题的时候能够不屈不挠。我向他强调，当你在挣扎的时候，你的大脑在成长。"他认为不恰当地表扬儿童"聪明"，会扼杀儿童的"成长心态"。

这个说法，和美国表扬泛滥的文化有些相悖。英语中有句俗话："蜂蜜粘苍蝇比醋多"（You can catch more flies with honey than with vinegar）。网上还有很多海报图片可下载，比如"表扬孩子的101种方式"，帮助人学习如何赞扬。家长表扬自己的孩子，多发自本心，出乎本能。照常理，儿童会在鼓励之中，增强自信心，提高学习效果，或是其他方面的特长，此为"赏识教育"，也是国人欣赏美国教育的一个原因。

赏识运用不当，会适得其反，亦即产生中国人所说的"捧杀"。但问题不是简单的中西二元对立——中国人"打是亲，骂是爱"，责骂管用；美国人注重赏识。下文这些研究，把赏识拿到显微镜下，让我们看到到底什么样子的赏识管用，什么不管用。说到底，这里说的是如何训练一个人的“成长心态”。

何为成长心态？

“成长心态”一说来自卡罗尔·德韦克（Carol Dweck）的《心态》（*Mindset: The New Psychology of Success*）一书。德韦克是斯坦福大学心理学教授，在人的成长方面做过不少研究。她发现常被表扬“聪明”的儿童遇到更艰难的问题时，容易放弃。因为他们会认为过去的成就，都是来自于自己的聪明，而不是努力。他们不想丢掉“聪明”的帽子，不想在人前显得自己失败，接下来如果可以选择，他们会选择更轻松的、更符合自己长处的任务去完成，以便继续确认“聪明”的印象。久而久之，孩子会形成舒适区，不愿意走出去。德韦克认为，夸儿童聪明，会形成“自我挫败”行为（self-defeating mentality），越早捅破他们包裹在自己周围的肥皂泡越好。

相反，如果表扬小孩的努力，让小孩养成“成长心态”，小孩则能在困难任务面前不懈努力。人的努力，更可操控一些。表扬孩子努力，他们会更努力，而智商或可随之增加。若仅仅表扬聪明，孩子会把所有问题、成就都归结为自己智商，这反而会减少他们的能动性，增加他们心理的脆弱。这就是“智商打败情商”的奇特现象。被表扬为“聪明”而没有人关注其有效努力的孩子，往往形成“僵化心态”

（fixed mindset）。有了僵化心态，孩子自己的能动性就低多了，往往跟着他人的说辞走。

德韦克的研究，对于养育孩子的父母尤其有意义。按照“成长心态”的说法，父母应该在如下方面，把“赏识”的技术活给做好。同时，其他学习者也可以按照同样的方法，展开自我训练，逐渐形成各自的“成长心态”。我们下面以父母对孩子的表扬为例，看看有什么策略，可以训练成长心态。

认清自己的现实

首先，需要知道，赏识与否，与我们能否认清儿童的现实有关。美国学校一般不在班级里公布成绩和排名。可是这不等于你好我好大家好，和稀泥了事。美国的“排名”其实更能刺激神经：比如一些关键年级（如四年级）的统考、SAT 等重大考试，是将学生和全州以及全国同学比。看儿童的智商或是学习成绩，按百分比分别处在什么统计范围之内。这种智商测试结果和成绩表，会邮寄给学生的父母，帮助父母亲准确地认识儿童的长短处，或做补救，或是针对性开展未来的规划。学校也会根据学生现实，适当调整教育举措。在一些私立学校或者好一些的公立学校，智商测验结果领先的学生，会进入“强化班”[①]，老师会针对性地提供高端技能的培训。诚然，每个父母眼中孩

① Enrichment program，也有地方叫 talented and gifted program。

子都是个宝，但我们不能没有客观依据，自以为孩子是天才而去赏识，这样无益于儿童的成长。

赏识应与负荷相称

赏识即便有效，也不是和学习效果成正比。专家发现，儿童的发展阶段和认知能力是有限制的。很多家长，无视这种局限，觉得“人有多大胆，地有多高产”，不顾思维及其发展规律。这会影响儿童的自我认识，形成错觉，导致贪多学不精，最终以失败告终。这种不顾认知能力的赏识，是挖坑让孩子往里跳。认知的负荷在不同人之间，甚至同一个人的不同时间内，都有差别，没有必要讳言这种差别。学生的个人意愿，并不能改变大脑的接受程度。即便到了大学阶段，负荷的重要性也一点没有降低。我所在的阿比林基督大学（Abilene Christian University）的心理学教授鲍勃·麦考尔文（Bob Mckelvain）在一次针对学习策略的讲座中分享过他所做的一项统计：一章书大约15000个单词左右。以英语母语者250词/分的速度估计，读完一章需要一个小时。上五门课，每周每门课阅读量是两章的话，则仅仅把书读完就需要10小时。如果是一个以英语为非母语的人，把书看完，甚至看两遍三遍还要查单词，那么可能二三十个小时才能勉强把书看完（全职工作的时间是40小时），就不要说写作业了。这就是为什么美国大学需要看托福成绩或GRE成绩的一个原因——是看一个人的阅读能力、学习能力到底怎样。不然的话，进来容易，过程中会被拖死。一个人的成长，是先天差异和后天努力的结合。没有必要讳言先天差异，或者说一开始的差异。这种差异总是在某些方面让儿童受益，也总是在某些方面让他们受挫。

浮夸不如不夸

荷兰博士生艾迪·布鲁默尔曼（Eddie Brummelman）和俄亥俄州立大学沟通与心理学教授布拉德·布什曼（Brad Bushman）在一系列研究中发现，对于自信心不足的孩子，言过其实的表扬（inflated praise）事实上使得儿童感觉更为糟糕。在其中一项实验中，研究者让孩子们临摹梵高的画作《野玫瑰》，然后让一位“知名画家”（其实并不存在）鉴定。研究者后来委托知名画家，分别给出“言过其实的表扬”、不言过其实的表扬，或是不表扬，然后继续让这些儿童选择新的画作。这时候接受“言过其实的表扬”的孩子，普遍选择更简单、更没有挑战性的画作。对于不自信的孩子而言，言过其实的表扬会让他们回避挑战，比过去更脆弱。没有哪个父母，不愿意自己的孩子自信、大方，可是当你给出不恰当的表扬时，儿童可能反而会觉察出这种不真诚，知道你在哄他们。他们开始回避艰难任务，选择简单任务，迎合你的说辞。对于某方面不足的孩子，最实在的办法，是设法提供资源或帮助，让其长进，长进之后再表扬，而不是事前提供不切实际的表扬，试图让其感觉良好。

赏识要赏识到点子上

如果儿童自信，父母的过度表扬会起到积极的作用，能雕琢他们，使其迎难而上，最终进步越来越大，优点越来越明显。需要指出的是，人都会有自信和不自信之处。找到“自信点”去赏识，效果更明显。另外，应着重找孩子的优点，多夸他们的优点。他们在这些方面本来就自信，夸赞会使其特点更突出。我不久前在我们所在的教会参加一个育儿的培训班，班上主持人当头棒喝:“我先告诉大家一个坏消息，你们的孩子可能都很一般，只不过你自己觉得很好罢了。”一屋子习惯了表扬孩子，认为他们“特别”的家长，都沉默了。但是后来有个家长的发言我觉得很有意思，他说一般孩子出色他不管，关键是要发现孩子的独特之处。这一点并不容易做到，不少家长并不能发现孩子的独特之处，而只是随大流，别人教孩子什么他们跟什么。只有找到独特之处，真正识别孩子的优势所在，能清晰表述，甚至提供证据出来，这才能有效雕琢。

说到底，儿童各自不同，认清其优缺点去教育才是正道。这也需要我们调整教育的评价体系，把个性化发展的重要性，摆在与均衡发展同等、甚至更为重要的位置。家长在各自的小环境里，也应调整自己的反馈方法。不会赏识，或是胡乱赏识，起不到促进发展的效果，甚至还会造成长期负面影响。赏识到点子上，赏识是真诚的，赏识得具体明确，让孩子得到合理反馈，其发展才会如鱼得水。

以上介绍，多侧重于父母对孩子的教育，偏重赏识方面。但相关结论对于自律形成期的青少年和成年学习者一样适用。对于孩子，父母可以蓄意训练其成长心态，但是年纪更大一些的学习者可以自我训练，自我激励。

在成长心态的自我培养上，我们得避免笼统的自我认知，少说自己多牛多强，盲目自信。也不要妄自菲薄，认为自己一无是处。这个大道理很容易明白，但是到底哪里行哪里不行，不能完全靠猜测，不如通过适当的测评工具，找到各自的长项。根据被识别出来的长处，精准地加以发挥。我这里之所以强调长处，没有特别提“短处”，是因为我相信花大力气找自己的弱点，去拔苗助长，倒不如去发挥长项。让长项更长，远比让短项变长容易。盖洛普公司的优势识别器（StrengthsFinder）工具，被很多单位组织用来识别员工的优势。它所依据的假设，就是需要扬长避短，把精力聚焦在发挥“自然优势”，让得到正确识别的优势，尤其是得分最高的优势如虎添翼。该工具通过一系列问题，总结出我们最强的五项优势。此书已有中文版[①]，且每本书都附有唯一的“优势测试密码”，读者可借助此密码，测试出自己的优势。这种测试主要是个性测试，但是个性优点也可以用在学习当中。

成人也需要通过适当的激励手段，浇灌其成长心态。人才难得，绩效评估也得体现出成长心态观。前几天，我在绩效评估期间，给一个属下的评价是：“我非常赞赏你的主动精神，你不等着他人安排你

① 《盖洛普优势识别器 2.0》，中国青年出版社 2016 年版。

做事，你做事主动，比如上周，当头儿给我们布置‘翻转教室’这项培训任务时，你主动请缨。我觉得你有丰富的媒体制作经验，也有在中小学积累的课堂教学实践经验，非常胜任此工作。”这位同事干劲十足，非常圆满地完成了任务。这种表扬，相当于写一篇小议论文，得论点论据论证齐全。

成长型的单位组织也是一样。它们不打不必要的仗，而在可以发挥优势的地方，把资源集中上去。努力不应只是一种态度。扬长避短可以让我们早日出现亮点，发挥成效。2016 年春，我拜访了西安欧亚学院。其受体制限制，在招生等方面有一些其他大学（如 985、211 等学校）所没有的局限。但在“体制外”，该学校用透了自己的灵活善变，反在很多方面成为引领潮流的人。比如在文化传播专业的课程设置上，该校引进了无人机培训项目，短短几年，就在无人机航拍上首屈一指。假如这家学校紧跟在其他传播学院之后，费力地设置那些传统编辑、采访课程，未必有什么成效。

走出习得性无助

“我的孩子不是学习的坯子。”

“数学我没可能学好的。”

“我们这条件，你跟人家城市怎么比？”

“这都是大环境问题，我们能怎么样？”

各位读者有无听说过这些说法？它们的共同点是什么？

我们先来说一个故事：美国宾州州立大学伊利比伦德学院心理学教授谢莉斯·尼克松（Charisse Nixon）曾在一门心理学课上做过一个单词重组的实验（Casper, 2010）。她给全班每个学生发了一张纸，让学生们全都朝下放在课桌上。然后她让所有人将纸翻过来，他们会看到三个单词，用1、2、3分别标明。

这个活动是将一个现有的单词打乱顺序，变成另外一个单词。她开始让同学们将第一个单词重新组合为单词，完成的就举手。

这时候教室右侧的同学纷纷举手，而左边一个都没有。

接着，她让同学们开始拼第二个单词，完成后举手。

同样，教室右侧的同学纷纷举手，而左边一个都没有。

到了第三个单词的时候，仍然是左侧同学深感挫折，而右侧同学纷纷举手。

后来我们看到，教室右侧拿到的单词是：

1. bat（蝙蝠）

2. lemon（柠檬）

3. cinerama（宽银幕立体电影）

这三个单词分别可重组为 tab（标签；制表键）、melon（瓜）、american（美国人）。

尼克松事先没有说明的是，教室左侧拿到的三组单词和右侧的稍微不同：

1. whirl（回旋）

2. slapstick（闹剧）

3. cinerama（宽银幕立体电影）

前两个单词，都没有办法重组为新的单词，属无解。而教室右侧的同学则纷纷拿出了自己的答案。

到了第三个单词 cinerama 时，虽然两组拿到的单词完全一样，但教室左侧的学生已经因为先前的失败，失去了信心。尼克松博士称，她在五分钟之内就人工制造了“习得性无助”。

一、何为习得性无助?

习得性无助，是指人或者动物，因经历过一系列不愉快或痛苦的经历，而自身无法解脱，以后在遇到类似的情形时，就认为自己同样无力摆脱或战胜。早期对于习得性无助的研究多集中于动物，比如让狗接受电击，无论狗做什么，电击都会发生。到后来，哪怕狗的行动可以让电击不再发生，狗仍然不会去采取任何行动。我们家的猫，一度因为爬树接近了鸟窝，开始和院子树上的反舌鸟交恶。从此猫一出来，鸟就俯冲过来攻击。猫吓得躲藏到灌木和花丛。后来鸟不啄了，猫出来时候仍然找地方去躲着，十分警觉，这也是一种“习得性无助”。

再后来，该术语多用来描述慢性抑郁症。患上这种抑郁症的人，往往因昔日遭遇，断定自己对于生活失去了控制力。一切都被归结为“无奈”，哪怕很多因素完全是自己可以掌控的。这种习得性无助的心态，和认为自己处处被人坑害的“受害者情结”（victim mentality）是一对孪生姐妹。二者都让人陷入思想瘫痪、悲观失望的悲惨境地。

“习得性无助”的说法，也被用来描述学习的失败心态。习得性无助在学习者身上表现为：由于过去的失败或某个不愉快经历，学习者失去了信心、激情和动力。患有习得性无助的学习者过分依赖外在因素，把学习不好的原因，归结为大环境不好、城市不好、学区不好、老师不好、父母不好，甚至督促学习的保姆不好，把失败的结果投射到外在环境上，给自己找了不作为的借口。

“习得性无助”几乎就是学习病中的艾滋病，它系统地摧毁了学习者对于学习毛病的免疫力。这种病还有传染性。对于自身现状自我感觉无力控制的人，容易陷入抱怨。抱怨带来的负能量，也会影响周围人学习兴趣和信心。

二、本·布朗兹的启示

美国康涅狄格州有所学校，叫本·布朗兹学堂（Ben Bronz Academy），学员多为那种被鉴定为“学习失能”的人。很多家长对于孩子的厌学和成绩不佳已经无计可施，才向其求助。很多来入学的学生比同龄人的学习水平差了三年。本·布朗兹成功地“转化”了很多学生，让学生重新爱上学习，有的在成绩恢复到正常水平后回原来学校求学，有的升入其他学校深造。

该学校的看家本领就是打破“习得性无助”对学习者的捆绑。来这个学校的学员，有不少患有失读症（dyslexia），有的看到词语时会难以识别，但并不一定很笨——科学家迈克尔·法拉第、皮埃尔·居里，发明家亚历山大·贝尔、托马斯·爱迪生，艺术家达芬奇、毕加索都有这个毛病。该学校还吸收其他一些被认为有学习障碍的学生，这些障碍包括：

- 注意力缺陷和多动症（Attention-Deficit Hyperactive Disorder，缩写为 ADHD）
- 中央听觉处理功能失调（Central Auditory Processing Disorder，缩写为 CAPD）
- 写作障碍（Dysgraphia）
- 执行功能障碍（Executive Function Disorder）

- 高功能自闭症（High-functioning Autism，如艾斯伯格综合征）

这些学习障碍让学习者及其家人灰心丧气，习得性无助在这些学习者身上很常见。斯宾塞认为其原因在于：

- 缺乏组织和优先规划能力
- 缺乏恒心
- 认为控制的焦点在外部
- 没有形成执行功能（教学过程中只关注结果不重视过程）
- 没有形成健康的关联（matrixing），而受制于不健康的关联

这五条中，前两条都好理解。第三条“认为控制的焦点在外部”，是指教学的环境，没有将学习的动机内化，反而成功变成了外部刺激（金钱、分数等），而失败却由学生内部消化（学生感觉愚蠢等）。“缺乏执行能力”，是指一个人遇到新的问题，无法去应对，只能机械模仿他人做法，或是等老师一步步带领，一旦离开老师和可供效仿的他人，则一筹莫展。“关联”（matrixing）直译为“矩阵化”，是指学习者在脑海里将新的学习内容，归入旧的意义体系（“矩阵”）之中。这种关联如果是学习者蓄意而为，有特定目标，超越当前所需，则是好的关联。当然也有一些关联是不好的，比如将过去的失败结果和当前的任务关联起来。

对于这些患有“学习障碍”、“学习失能”的人，学术界经常呼吁采用小班教学，了解学生的长短，增加测评和课程调整，展开比较有针对性的教学。布朗兹也是采用小班教学，学生和老师比例为 1:3。但是学校创办人艾安·斯宾塞博士（Dr. Ian Spence）认为，完全依靠

小班教学和狭隘的因材施教，会让学生完全依赖老师的引导，最后会越来越无助。他的学校采用多种方法，蓄意打破这种依赖。比如他让教师利用积极的学习（active learning），逼迫消极被动的学生从身体到思维上“动”起来，而不是坐等老师提供答案。在该学校网站上，我看到了一个有趣的例子。比如有着失读症的学生看到“to”这个词不会读，老师和学生之间的对话是：

学生：这是什么单词?

中介[①]：这单词第一个字母是什么?

学生：“T”。

中介：不错，“T”这个字母发音应该是什么呢?

学生：“Tah”。

中介：没错，下一个字母是什么?

学生：“o”。

中介：“o”发音是什么?

学生：有时候发“ew”的音。

中介：好了，你把“t”这个音和“o”这个音合起来呢?

学生：是“To”?

中介：对啦，“T”后面有个“o”一般发“To”的音。

这需要老师具有一定的发问和引导能力。如上文所述，在这个学校，老师不叫老师，而叫“中介”（mediator）。mediator 本意是“仲

① Mediator，亦即老师。

裁”、“协调”，多指在谈判两方之间调停的角色。在本·布朗兹学堂，老师成了学生和外部世界之间的“中介”、“仲裁”、“协调员”。这些教育“中介”，蓄意地引导学生体验解决问题的路数，以便大家在熟悉这些路数之后，遇到新的问题也能够解决。老师不再是“传道授业”的角色，而是学生旅途中的向导。

为了贯彻这种老师作为“中介”的学习，斯宾塞提出了一种“认知结构变化”（Cognitive Structural Change）的教学方法，帮助学生接受、阐释、使用外来知识。未经整理的外来知识，是余英时批评钱钟书时说的“一地散钱”。侧重内在认知结构是在编织带子，把散钱串起来。怎样实现这种变化呢？斯宾塞让进校的学生接受最多长达三年的“工具性强化”（instrumental enrichment）课程训练。这种课程是著名发展心理学家让·皮亚杰（Jean Piaget）的高徒鲁文·福尔斯坦（Reuven Feuerstein）发明的。福尔斯坦原为罗马尼亚人，在纳粹入侵后逃离，后定居于英国委任统治下的巴勒斯坦。二战结束后，他开始帮助在纳粹种族灭绝中幸存下来的犹太儿童，此间工作让他认识了儿童发展中的需要。他认为智商并不是固定的，而是可以改变的。他所发明的工具性强化课程，在世界各地应用。

本·布朗兹学堂使用的这种认知结构变化课程，教学生各种认知和学习策略。这种专门针对习得性无助的强化学习分三个“疗程”：第一个“疗程”培育“人可以控制自己周遭世界”的信念；第二个“疗程”审查人和周围环境的关系，并反思应对策略；第三个“疗程”是通过正式的逻辑训练，教学生解决问题的策略。换言之，该学校打破习得性无助，是先从态度上入手，消除“我不能”、“我不会”、“我没办法”的陷阱。

三、用自主学习对抗习得性无助

本·布朗兹学堂等机构所采用的福尔斯坦课程，耗时很长，需要专门培训相关老师才可以实施，而且费用不菲。而普通学习者未必需要经过这种长达三年的特殊训练，才能摆脱习得性无助的心理。能否摆脱学无能，优化利用学习资源，关键要看在课堂之外，有无自主学习的能力。这种能力的标签有很多，如“自主学习”（self-directed learning）、“非正规学习”（informal learning）、“随机式学习”（accidental learning）、“整合式学习”（holistic learning）等等。这些标签重点各异，共同特点是结构更为松散，学习活动的主导者是学习者自己，而不是一个或一群指导老师，也没有一个具体的课程目录。在八十年代初等学习资源较为匮乏的时候，靠着自主学习而“自学成才”的神奇传说屡见不鲜。我的几个英语老师，都是在文革期间，于田间地头甚至牛棚里偷偷自学，恢复高考后成了英语老师。

如今这种提法少了，因为学生和家长把目光转向了正规教育资源的争夺当中。家长在“小升初”、奥数、报考名校之类争夺战中战红了眼，过度强调学校对于一个人学习的重要性。可是从古至今，学习都是正规与非正规相互结合的。一生当中，甚至可以说学校的学习只是一小部分，绝大部分是靠着我们平时这种随机的学习。没有一个学校能预备他们所需了解的一切。学校更大的作用，是给我们的终身学习提供知识结构和学习习惯上的预备。

学习者如何对抗习得性无助，强化自主学习的能力呢？我想如下几个思路是必不可少的。

在做事中积极学习。本·布朗兹学堂倡导积极主动的学习。斯宾塞强调的不是具体方法上的奇技淫巧，而是侧重于震撼学生，不让其太舒适，而让其时时体验到自己和新信息之间的“不协调”，以及学习如何将不协调的信息纳入自己的知识范畴之内。斯宾塞用明确表述的认知行为，告知学生何为“积极主动”的学习，这有利于帮助学生走出“被动”、“无助”的局面。积极学习和被动学习的区别，有时候表现在学习和课堂教学的实践中。总体上说来，学习包括基于知识的学习（knowledge-based learning）、基于问题的学习（problem-based learning）、基于项目的学习（project-based learning）。过去我们说的书呆子太多，乃因正规教育多提供基于知识的学习，没有进化到问题和项目层面。在知识—问题—项目的层层递进当中，学习者会将正规学习和非正规学习相互结合，在目标明确的情况下主动学习。我一外甥学习美术设计，他发现，有时候在课堂上学到的东西并不多。他开始学着做婚纱设计网站。当你实际做一件事的时候，这种事情会“倒逼”你去动用各种资源来学习，比如如何使用Dreamweaver、Photoshop，如何购买域名，等等。这中间学问多而大。基于问题或者项目的学习也需要人们时常反省。比如做一个网站，是否必须使用某项工具（Dreamweaver），可不可以用博客网站，达成同样的目标？我们学校好多项目作业上，老师同时都要求学生写“反思周记”，好让学生在自主学习的项目中，能时常反省自己，不致偏差太远。

研究思维和学习策略。本·布朗兹学堂的课程中，有专门训练学习和思维策略的课程。在中国，从中小学到大学，学生多半时间在学习语数英理化这些具体学科的内容，很少有人有机会学习横向技能，如审辩式思维、创意与创新的过程、学习策略、认知习惯等。美国大学对于大学新生，有时候会有短期的训练，告诉他们如何管理自己的时间，如何高效学习等。有一些学习和思维的方法是有策略和工具可以使用的。比如“头脑风暴法”，有助于集体产生创意。“鱼刺图”有助于问题的分析和解决。还有一些认知习惯，是我们需要培养的，比如鲁文·福尔斯坦的工具性强化课程，就非常强调训练人们良好的认知习惯。

在下表中，我们能看出思维的过程如同计算机的运行，有输入（input）、操作（elaboration）、输出（output）过程。在这些过程当中，我们可以习得一些良好的认知习惯：

表 2.2　积极学习过程中的认知习惯

接收期（收集信息）	处理期（处理、使用信息）	产出期（陈述方案）
• 有明确的观察 • 能系统地搜索信息 • 随时为所收集的信息贴标签 • 了解空间信息（哪里）	• 界定问题或任务 • 对不同信息去伪存真适当挑选 • 在脑海中形成图像，将外在信息内在化 • 制定计划	• 打破自我中心的沟通，使用明确、具体的语言向受众沟通 • 使用相关策略和计划，消除靠尝试与犯错才能学习的情形

续 表

接收期（收集信息）	处理期（处理、使用信息）	产出期（陈述方案）
• 了解时间信息（何时） • 了解其他相关特征（大小、形状） • 保持信息精确与准确 • 使用至少两个信息来源	• 通过回忆整理零碎信息 • 寻找关系 • 比较异同 • 分门别类 • 假设性思维 • 利用合乎逻辑的证据，证实或证伪相关结论	• 缩小选择范围，以避免选择过多时出现的冲动性行为 • 保持冷静，策略性地克服思维抵触 • 对受众给出精确、准确的回应 • 使用明晰的视觉传递

译自 Feuerstein & Hoffman,1979

摆脱老师依赖症。从本 · 布朗兹学堂的经营上我看到，鲁文 · 福尔斯坦的教学法强调老师作为“中介”，协调学习者和学习资源、环境之间的关系。教师在这种方法之下，不是单纯的传授者。很多人是在对正规学习环境和老师的依赖之中，形成了自主学习上的无能，离开了老师则立刻傻眼。很多成功人士，包括商界领袖，首先是自学领域的超级学霸。美国脸书网创始人扎克伯格自学了汉语，卓有成效，虽然仍满口“洋腔”，但能发表演讲，回答提问，基本上能实现沟通。可能正因为受此影响，他热衷于提倡“个人化学习”。同样，联想总裁杨元庆 40 岁之前几乎不会英语。自从 2005 年联想收购 IBM 的个人电脑业务之后，杨元庆搬到了北卡罗莱纳州，专门学英语。我在视频网站上看他在国外的几次公开演讲，发现他现在的英语还很溜，就是还有不少中国腔，且中间“啊”字这种中式口头禅多一些。不过只要观众听得懂，我估计也没有人会在乎这些，可以说他学有所成。

离开了老师的引导，学习者需要有强大的动力。这个动力来源之一是有明确目标。但在心态上，也要从苦学转到乐学。和“学海无涯苦作舟”的古训说的相反，杨元庆把苦读变成了“乐读”——他每天看几个小时的英文电视。我刚来美国的时候，接受本地人的语言文化也有些困难，我也是通过看《人人都爱雷蒙德》这样的肥皂剧，了解美国家庭和社会中的一些“潜规则”。现在的技术手段更为发达，我们随时可以控制什么时候开展这样的“学习”。比如每个月投资十美元征订国外一些视频订阅服务，或者在国内一些视频网站观看正版剧集，可以连续看很多流行美剧，这是学习美国文化、了解美国社会的绝佳机会。在这方面的投入既愉快又有效，何乐而不为?

另外，摆脱老师依赖，需要从找老师过渡到找圈子。一些朋友如果一直无从自主学习，始终依靠他人指点和辅导，不妨去找学习的环境或者圈子。比如加入行业组织，去听一些讲座，做“TED”或者“一席”的发烧友，等等。甚至自己开启一个俱乐部、读书会或圈子，组织一帮人来相互学习。更好的办法，是自己去讲，没有比预备一次讲稿更有效的学习方式了。但是需要警惕的是，同一个行业和圈子，有时候信息比较封闭，类型单一，所以有时候需要走出去，通过其他的圈子，触类旁通地激活自己的思维。这就是“扶轮社”之类跨专业社团存在的一个作用。

把环境变成学习机会。摆脱习得性无助，需要主动出击，把什么事情都当成学习的机会，而不能只走进了四四方方的教室里才能找到学习的感觉。我在一家小学墙壁上看到过一句话：“以众人为师，以万物为师”（Everything and everyone around you is your teacher）。很多人到美国来之后，英语材料四处皆是，可是他们的水平却不见增长。可能是早年英语不好，遭到了打击，从而长时间活在习得性无助的阴影里，即便环境已经完全变化，自己学习条件比过去好了很多。唐人街的大妈，拎着篮子去买菜，在她们的交谈中，你会听到一些奇特的语言：“Sho 完 pping 啦？”就这么混搭着说，而且自觉正常。反正人都在美国，甚至都成了美国公民，英语好又怎样，不好又怎样？这种心理，恐怕多属破罐子破摔的移民老一代。也有年轻一些的人分明在美国、欧洲、澳洲、新西兰留学，却趁暑假机会，回国去新东方之类学校进修。韩国也有这样的情形，在外留学的学生跑回去上英文补习学校。这是何故？是习惯了老师把学习的材料喂给他们，自己被动接受。如果转变思维，周围的学习材料何其多也？而且都是原生态的。房屋代理的广告中，可以了解到美国房屋类型的所有词汇。慈善机构为难民群体的劝捐信里，可学到关于生活用品的丰富词汇。我甚至在报税的时候发现，一个报税软件，可以让你了解美国人经济生活的一个侧面。你可以从中发现美国人有那些收入类别，有哪些经营活动，有哪些抵税项目，甚至可以了解美国文化中的一些侧重。比如你会发现，学费可以抵税（重视教育）、房屋能源改造可以抵税（重视环保）、各样捐款可以抵税（重视慈善）。每一次报税，都是对美国文化的一次有效的学习。人如果观念转变过来，把所有的日常杂务当成学习机会，生活也会有趣得多。这也不只是对于美国留学生这个群落的感慨，这年头在国内的朋友，通过互联网，一样可以接触大量的原生态学习素材，可是如果等着别人来牵引自己去查找，恐怕还会陷入无助。

走出无助心态，是我们成为积极学习者必不可少的一步。美国著名健身教练吉莉恩·迈克尔斯（Jullian Michaels）在说那些不肯健身的懒人时提到："懒惰并不存在。懒惰是其他疾病的症状。一个人如果懒洋洋坐着懒得起身，是因为抑郁。这往往是缺乏自我价值，感觉无助的一种表现。"对于那些厌学者也一样。动起来吧，主动的学习给你自由。当你的知识、技能、态度获得成长的时候，你的天地也会更加开阔。

找到学习佳境

清代四川三才子之一彭端淑，与兄弟从小在翠笼山紫云寺苦读，据说是五六年不曾下过山。为学时他勤学，为官后这精神转化为勤政。在广东肇罗道署察使任上，他不到一个月就把前任留下的民间诉讼办完。这样一个勤快人，看到大家族中几十个子侄个个不努力，不由忧心忡忡，于是写了一首《为学一首示子侄》[①]。文中写道："天下事有难易乎？为之，则难者亦易矣；不为，则易者亦难矣。"他还举例："蜀之鄙有二僧：其一贫，其一富。贫者语于富者曰：'吾欲之南海，何如？'富者曰：'子何恃而往？'曰：'吾一瓶一钵足矣。'富者曰：'吾数年来欲买舟而下，犹未能也。子何恃而往？'越明年，贫者自南海还，以告富者，富者有惭色。"这是一篇我们中学语文课上不仅要学而且要背的文言文名篇。对于当年还在求学的我们来说，这种鸡汤很进补。

---

① 作于乾隆九年（公元 1744 年），收录于《白鹤堂文集》。

从教育的角度看，彭端淑此文也有值得我们思考的地方。第一，和鲁文·福尔斯坦一样，他不认为“昏庸”、“聪明”这些智商因素一成不变。人可以通过适当的努力，改变这些因素。“吾资之昏，不逮人也，吾材之庸，不逮人也；旦旦而学之，久而不怠焉，迄乎成，而亦不知其昏与庸也。吾资之聪，倍人也，吾材之敏，倍人也；屏弃而不用，其与昏与庸无以异也。圣人之道，卒于鲁也传之。然则昏庸聪敏之用，岂有常哉？”

他同样认为，难易是相互转化的。“人之为学有难易乎？学之，则难者亦易矣；不学，则易者亦难矣。”虽然在态度上，我完全理解这一点，但在具体策略上，我却认为难易不能一锅煮。此事事关学生学习的动力。动力强弱，或者说好学还是厌学，英文中常用“学习者激励”（learner motivation，或 learner engagement）这样的语汇来描述。雪城大学课程设计、开发与评估系早年的系主任、教授约翰·凯勒（John Keller）提出，激励人心的学习必须具备四个特征，他总结为 ARCS：

A—— attention，注意力

R—— relevance，关联度

C—— confidence，信心

S—— satisfaction，满足感

由于信心和满足感都是学生学习激励的组成部分，难易适度变得至关重要。对于初学者来说，一开始过难的东西，让他们硬上，可能会产生不必要的挫折，伤害其接下去学习的积极性。如果过于容易，

则容易让学习者厌倦。选择难易适中的内容，在学习的过程中由易而难循序渐进，才能产生“难者亦易”的结果。而不应该认为只要努力足够，是难是易无关紧要。

那么如何判别我们所学的内容是容易还是难呢？

寻找最优发展区间

在发展心理学家让·皮亚杰的儿童发展理论里，儿童的发展是个体自然演变的过程，未必需要外界过多干预。苏联心理学家列维·维果斯基（Lev Vygotsky）则根据自己的观察，认为外界的协助，能助推儿童发展，且更有成效。他提出，儿童发展存在三个区间：

第一区间，是儿童可以独立完成的任务。第一区间是儿童的“舒适区”，相关技能他们已经驾轻就熟。但是如果长期在这个舒适区内，儿童不会得到成长。

第二区间，是儿童在外部力量帮助下能够完成的任务。这个领域，后世多称之为“最优发展区间”（zone of proximal development）[①]。相对于“舒适区”来说，这是一个“伸展区”。在这个区间里，儿童，可以在外部力量的辅助下，完成相应的任务，并得到发展。

第三区间，可以说是“偏远区”，是指儿童无法完成的任务。如果一开始就在这个区间努力，可能会让教和学的双方都倍感挫折，甚

① 通常缩写为 ZPD。

至摧毁信心。

最优发展区间（zone of proximal development）

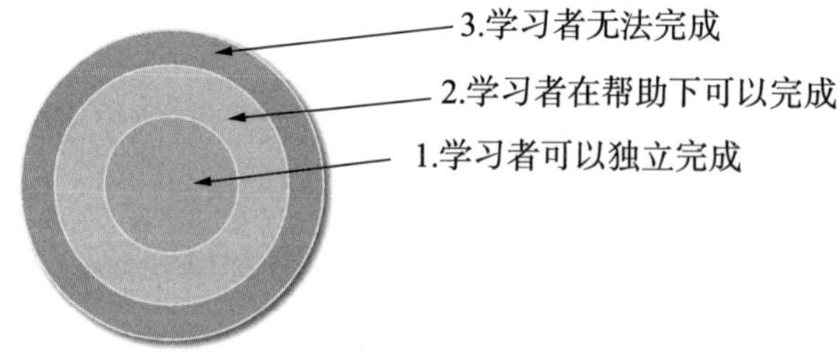

图 2.1　维果斯基的最优发展区间

如果教育者侧重于在第二区间发力，则更有可能培养学习者的能力。在第二区间的努力，会让过去的“伸展区”，变成新的“舒适区”。到这时候，第三区间，则可能转化为新的“最优发展区间”。

可惜天妒英才，维果斯基因为肺炎，于 1934 年英年早逝，时年 37 岁。这个最优发展区间论并未进一步发挥、拓展。好在它仅有雏形，也被广泛应用。去世之前他感叹：“这是我在心理学上做的最后一件事——我会像山巅的摩西[①]一样，看到了应许之地，却无缘踏足其上。别了，亲爱的万物创造。一切将归于寂静。”他预言的那“应许之地”果真是流着奶与蜜。他的成果，在世界各地被广泛应用。1970 年代之后，维果斯基在西方世界走红，他的理论也被迅速传播开来。美国的教学当中，尤其是阅读教学，就在使用这种最优发展区间

① 摩西是圣经旧约中的以色列人领袖，他带以色列人出埃及，向上帝应许的“流着奶与蜜”的“应许之地”迦南进发。其中他们在荒野四十年，摩西最终没有进入迦南。

论拓展学生的阅读能力。

我女儿所在的学校，采用了“复兴阅读”公司开发的一个“加速阅读”项目。该项目将大量图书分门别类，按照词汇量和难度，分成不同级别。这级别就直接以最优发展区间（ZPD）命名。每个学生经过测试，有自己的 ZPD。学生或许在同一个年纪，但测试后反映出来的学力不一样，老师就会推荐不同读物。比如我女儿上四年级的时候，经测试她的水平为 8.5，亦即阅读水平相当于八年级入学后第五个月的水平。这样的话，老师就不建议她读四年级的材料。而是选择 8.0 以上的材料。这种分级阅读制度，让学生知道哪些阅读材料在自己“舒适区”之内，哪些在“最优发展区间”内，哪些在遥不可及的“偏远区”。如果远超出学生的水平，学校图书馆甚至不会出借相关图书给学生。

与此同时，学校的不同读物，分别根据学力发展水平分级，比如著名儿童小说《夏洛的网》，级别是 4.4，亦即四年级学到第四个月的水平，《哈利・波特和魔法石》的级别为 5.5，指五年级学到第五个月的水平。波特迷们可能会有点吃惊，哈利・波特系列小说只是小学五年级水平的读物。

分级之后，图书馆也对这些书分门别类，每个小学图书馆有两个图书馆员，分别帮助学生选择适合各自水平的图书。学校只负责督促学生阅读的量，检查他们阅读的效果，但并不具体规定学生是看 C. S. 刘易斯的《纳尼亚传奇》，还是看 E.B. 怀特的《夏洛的网》。这就让学生有了自己选择的空间。如果这套系统用在中国的话，就不会存在是看鲁迅还是看林语堂还是看梁实秋的争论，因为学生可以在家长和老师的帮助下，自己去挑。

为了推动这种基于最优发展区间的阅读，加速阅读项目还针对每本书，设计了相应的测试题，学生必须用电脑完成这些测试题，积累“加速阅读积分”（accelerated reading points）。这些测试，分成词汇、理解、文学、研究几大块，里面又有各自的细分，比如理解部分包括字面理解（literal understanding），判断和阐释（inferences and interpretation），总结和归纳（summary and generalization），分析和评估（analysis and evaluation）等，对应了教育专家布鲁姆所谈的思维和学习的分类方法。

中国设计儿童阅读的时候，未必要照搬美国的分级做法。美国的阅读涉及词汇量问题，英文词汇可以说无穷无尽，词汇量一万的人，阅读的能力和词汇量五万的人相比，就好比围棋的四段和七段，前者几乎没有可能具备后者的技能。由于不同程度学生词汇量的不同，分级阅读是一种极大的需要。中文以字组词，是一种组合性文字。小学毕业，把常用字认得差不多之后，大家在词汇量上的差距不会有英文那么大。不过在内容陌生程度上的差别却非常之大。比如一个小学毕业的人，可以认识一些科学期刊上所有的字，但是不一定能对其内容有任何了解。因此，最优发展区间背后的思维，比如走出舒适区，活跃于伸展区，避开偏远区，同样值得借鉴。例如：让一个三年级小孩翻来覆去地做他已经熟悉的加减乘除题目，他就始终在舒适区里打滚，非但得不到提高，还会厌倦学习，这时候一定要让他有所延伸，进入有所挑战的最优发展区间。同样，如果你让一个三年级小孩去做微积分，大大超出他现有的水平，相关的知识残缺不全，他孤立无援地出现在学习的偏远地带，这也会让他产生焦虑、畏惧，最终丧失学习的信心和兴趣。

寻找流畅境界

另外一个和“最优区间”相关的概念，是“流畅境界”（flow），也称“化境”（the zone）（Csikszentmihalyi, 2008）[①]。这是芝加哥大学心理系教授米哈里 · 希斯赞特米哈伊（Mihaly Csikszentmihalyi）提出来的。希斯赞特米哈伊研究过很多“正能量”、高成效的个人，发现他们的奥秘，是工作当中，常常处在极为专注而喜乐的巅峰状态。例如作曲家在作曲、作家在写作的时候，可能废寝忘食忘乎所以。这种状态，往往出现在问题的解决和创意的产生过程中。阿基米德在洗澡的时候，突然悟出了浮力的计算方法，不由赤身裸体地跑出来，大叫：“尤里卡！尤里卡！[②]”

也有一些被家长视为“负面”的行动，如电子游戏，也会让玩的人体验到同样的“流畅境界”。游戏研究专家、加州大学伯克利分校博士简 • 麦戈尼格尔（Jane McGonigal）认为，游戏给人带来四

---

① 此书中译本名为《创造力：心流与创新心理学》，黄珏苹译，浙江人民出版社 2015 年出版。

② 希腊语，意思是：“我找到了！”

种品质：urgent optimism、social fabric、blissful productivity 和 epic meaning，直译过来是“紧迫的乐观精神”、“社交网络”、“喜乐的效率”和“史诗般的意义感”（McGonigal, 2011）[①]。其中，这种“喜乐的效率”，就是指希斯赞特米哈伊所指的“流畅”体验。我们不妨从麦戈尼格尔所提的这种“喜乐的效率”中，为学习找到一些提示。比如打游戏会有一关接一关的破解过程，能让人产生控制和成就感。打游戏过程中，我们会得到及时的反馈，而不是半天都不知道自己死在什么地方。这都是学习的设计中同样需要考虑的因素。也许背单词、学有机化学未必会产生那种打游戏的快感，但知道自己的学习将卓有成效，人会有比打游戏更深层的愉悦。

究竟“流畅”境界是如何形成的呢？米哈里·希斯赞特米哈伊按照人的技能和任务的挑战性，将人的工作体验分成冷漠、乏味、放松、控制、流畅、振奋、焦虑、担心这几种。技能低，而且工作没有挑战性，则会产生冷漠、消极情绪。技能中等，但是挑战性不高，这会让人产生乏味感。如果技能高，而挑战性有所增加，那会让人放松。技能很高，而且挑战性适中，人会产生控制和掌握感。技能中等，遇到挑战性很高的任务，会让人振奋。挑战性高，但是技能不足，则会产生焦虑。如果挑战性中等，而技能比较低，则会产生担心和不安全感，因为技能稍微高一些的人就可以将自己超越甚至取代。理想的状况，当然是人的技能比较高，但是挑战性也大，这种区间下

① 此书中译本名为《游戏改变世界》，闾佳译，浙江人民出版社 2012 年出版。

的人做事最来劲，也最容易成长。

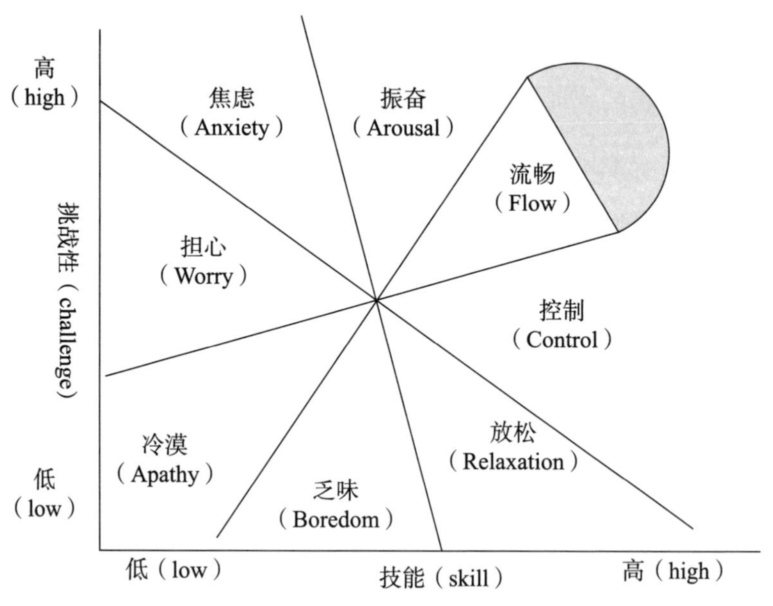

译自 Csikszentmihalyi, 2008

图 2.2　米哈里·希斯赞特米哈伊的“流畅境界”图

过劲的学习

流畅体验的说法，来自“积极心理学”或曰“正能量心理学”的阵营。它侧重于认识导致人幸福的要素。希斯赞特米哈伊称这些说法来自东方哲学，比如“化境”一说。我们发现，在学习的设计上，它也是非常有用的。在英文的语境中，这些心理学理论，已经广为人知。

进入最优发展区间，或是进入“流畅体验”，人的感觉如何？希斯赞特米哈伊总结，“流畅境界”有七个特征：

1. 完全专注于手头所做的事；

2. 产生超脱日常现实的狂喜感；

3. 内心非常明确，知道需要做什么，也知道自己的表现怎样；

4. 知道任务是可行的，知道自己的技能足以应付这种任务；

5. 有一种宁静感觉——不为自己担忧，有一种超出自我而得到成长的感觉；

6. 失去时间感——完全关注当下任务，几个小时转瞬即逝；

7. 具有内在激励——产生流畅境界的事物，本身就是一种奖赏。

这七个特征，以英文“flow”这个单词来描述，实在贴切形象。“Flow”本指水流、气流的移动。水流和气流都充满动感，自然流畅，持续不断。“流水不腐，户枢不蠹”，也是和凝滞不动、死水一潭完全对立。这是一种欢愉、爽快、成长的概念。作为一个多年的译者，我一直在想什么中文词语，能表达出这种境界？由于翻译和传播的问题，在中文世界知道这一概念的人并不多。“Flow”常被翻译为“心流”，给人感觉像是“心灵鸡汤”。“最优发展区间”一说，听起来比较学术化，让人望而生畏。也没有复兴阅读公司那样的机构，通过系统的阅读分级体系，让普通人接触到这个概念的应用。

那么如何将这些概念转化为学习者能够接受的语言呢？“Flow”这个充满动感的词让我想到了网络上人们常说的“给力”。如果师长给了你“力”，这是有助于你成长的。但是我们也知道，教和学之间，往往还是有鸿沟的。教的人负责传授，但是学的人未必能接受。给力的行为，不会有得力的结果。

我想到的另外一个词，是安徽和江西方言中常用的词“过劲”。当我们说一个孩子学习好的时候，我们常说这孩子“过劲”。过劲有几个内涵：它指努力，例如“你要是小时候过劲点，现在也不至于这样”。作为形容词用的时候，我们一般指物品的浓烈，比如说酒大我们可以说：“这酒好过劲！”我们也可以用它来描述一个事物好坏：“这料子最过劲！”还有，劲指力量，过可指经过，当有力量从我们身上流过的时候，那种感觉，可能像“flow”所要描述的境界类似。

如果我们由洋到土，用方言中这个“过劲”的概念，来描述学习的最佳区间，我们可用如下四个特征来描述我们中国式的学习化境：

1. 化境下的学习是有力度的。你阅读的材料，学习的内容，不应该过于容易，对自己没有任何挑战性。打发时间很好，但是“劲道”不足，没法让我们成长。
2. 化境下的学习能带来满足感。这样的学习和我们的内在目标和激励连到了一起，给我们带来深层满足感。
3. 化境下的学习能带来出众的学习体验。学习体验一定能让我们产生极大的专注。
4. 化境下的学习具有延伸性。它在一定程度上稍稍超出我们现有的水平，对我们有所拉升。

如果我们同样从任务的挑战性和人的技能上去分析的话，学习大体上可以分成这四种境界。这里试图综合最优发展区间和“流畅境界”的两种说法，而适当予以简化。管理咨询公司麦肯锡常用 2×2 式的矩阵，在概念的简单与复杂之间建立合理的平衡。

从图 2.3 中我们能看出：挑战性太低、学习者技能不足的学习，是“过路”式的学习，或许这是不得不参与的考试，或许是他人强迫学习的内容，枯燥无味，学习者知道得不到成长。

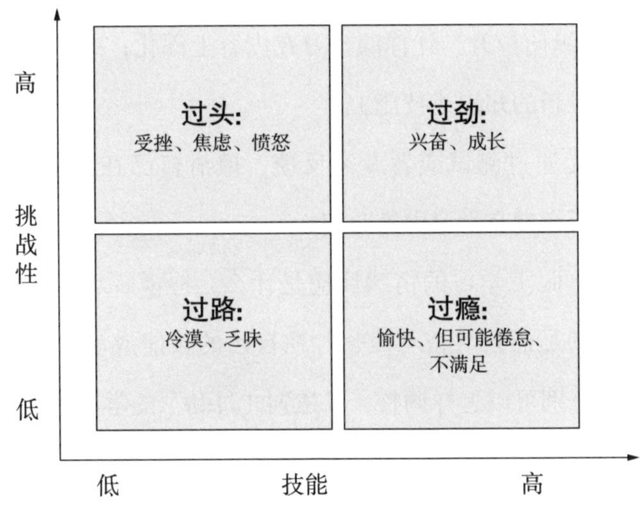

图 2.3 “过劲”的学习体验

如果挑战性远高于技能，那是“过头”的学习。由于太难，太遥远，学习者感觉受挫、焦虑甚至愤怒。

学习者技能很高，做得很顺手，对于挑战性不大的学习，会感觉“过瘾”，但是不会快速长进，甚至耽于舒适，不思进取。这时，应该时不时被震撼一下以摆脱这种境况。

理应追求的，是那种有挑战性，学起来比较带劲，对技能有高要求的“过劲”的学习体验。

我想请大家到这里想一想，自己（或者孩子）的学习，现在处于什么一个阶段下？不妨问问如下问题：

1. 学习的材料难易程度如何，是已经会了还在简单机械重复，还是过于困难？
2. 老师或者他人的教学、辅导活动，是不是做出了适当延伸（比如纵向拉升，让你的学习在内容上深化；或横向延伸，让你接触新的知识或技能）？
3. 你有无通过测试或者专家反馈，摸清自己在技能上的状况，其是否和现有学习内容匹配？
4. 你对于眼下学习的情感反应是什么，冷漠、乏味、受挫、焦虑、满足还是兴奋与成长？在自己的技能或学习内容挑战性上，分别可以怎样调整，以达到“过劲”的学习体验？
5. 你有无将学习的内容进一步分拆，不是笼统判断自己会与不会，而是分拆出更为细小的单元，将会与不会进一步具体到微单元，以便更为精准地扫清具体内容上的一个个障碍？

培育好奇心

和寻找学习佳境同样重要的事项，是保持我们的好奇心。没有好奇心，我们只会在他人限定的学习的“一亩三分地”里翻来覆去。好奇心才让我们走向新的地平线。不知大家注意过没有，像刘姥姥进大观园那样处处感觉新鲜的人少了。这年头聪明人多。更多的人，为了显示见多识广而闭塞视听，再新鲜的东西摆他眼前他也不屑一顾：“不过如此，我们上海的更好。”“这个咱早就知道了，不过如此嘛。”作家刘瑜曾感慨，“中国早就改革开放了，现在很多中国人可以全球到处留学、旅行和出差，但不幸的是，很多人并没有克服精神上的闭关自守。”她到美国后拒绝这种自满，拒绝接受好奇心的死亡，而是处处留心，并建议大家“放下以前积累的成见，保持一点虚心，一点好奇心”。同样的环境，同样的新鲜，大部分人走过路过，视而不见。总是那些好奇心强的人，能更好地感悟世界，最终给其余的人当导游和导购。乔布斯曾于 2005 年 5 月 12 日在斯坦福的演讲中提到一句话：

"保持饥渴，保持愚蠢"[①]，就是要年轻学子不要轻易放弃好奇，而是努力去经营它。

教育与好奇心关系微妙。关于好奇，我们是要保持？还是要培育呢？好奇心的种子儿童先天具备，后天不浇水不晒太阳，种子就不能发芽。好奇心需要后天的呵护与培育。这是文迪·奥斯托洛夫（Wendy L. Ostroff）在《培养好奇心》（即将由华东师范大学出版社出版）一书中带给我们的发展观。这是一本专为中小学生所写的书，但我们要不家中有中小学生，要不自己曾当过中小学生，看此书多多少少都有启发。在成人世界，好奇心也是各个领域都要的。好奇心强不一定都有好结果，探索总会伴随着风险，没有风险管理能力的好奇，不一定有好的结果。反过来看，想要在任何一个领域有所成就，没有好奇心几乎不大可能。缺乏好奇只会带来昏聩和平庸。换言之，不管做什么事，仅有好奇是不够的，但是没有好奇是不行的。

好奇来自我们身上的动物本性。"好奇心杀死猫"，猫喜欢东张西望，寻寻觅觅。狗出门总是到处嗅，闻别的狗留下的味道，自己也撒点尿，在狗的"朋友圈"刷各自的存在感。德国动物学家艾尔弗瑞德·布莱梅（Alfred Brehm）发现，把蛇放在笼子里，让猴子打开看第一眼，猴子会出自本能，吓得把盖子赶紧关上，最终却总是打开盖子再次偷窥。这就是好奇心。美国有一个儿童绘本，题为《好奇的乔

① 原文为"Stay hungry. Stay foolish."乔布斯称此说来自他年少时看的一本名叫《全球概览》（*The Whole Earth Catalog*）读物的最后一期。《全球概览》是斯图尔特·布兰德（Stewart Brand）所编的一本百科式期刊，乔布斯称它为数字时代之前的谷歌。

治》，说的就是一只名叫乔治的猴子，极为好奇，到处探索，常遇麻烦，需要“黄帽人”搭救。这猴子就好比孩子们，而黄帽人就是成人的世界。由家庭和学校组成的“环境”因素在好奇心上是有罪。如何自我救赎，把孩子们失去的好奇心给追回来呢？

奥斯托洛夫提供的好奇心配方包括如下“药材”：探索、自治、激励、想象、发问、时间、空间。其中有些介绍，侧重的是好奇心，但触及整体教育改革的诸多思路，会让中文语境下关于教改的混沌说法走向明晰。我们都知道“宽松环境”有利于创意和好奇，可是什么叫宽松环境？这包括在思维激荡的阶段，不能轻易判断、评估、否定。这种判断得留到下一步再做。

宽松环境也包括真正的物理环境，包括教室的布置，包括光线（自然光比灯光更有利于好奇心发挥）、背景音乐、装饰等。连课桌椅摆放方式，也能传达教学思维，引发或遏制集体中的好奇。一人坐一个课桌，是暗示学习是个人的事。如果课桌是围坐式，则传达交往式学习的思路。如果课桌是可以拆分的，可以单独坐，需要的时候也可以合起来，则传达学习可以独立也可以集体完成。老师过多强调学生互相抄袭，却没能调动学生对于彼此思维的好奇心。

另外一种宽松，事关时间安排。在学习时间上，是给孩子们限定时间？还是给该限定松绑？这也与师生的好奇有关。现在每一节课在美国往往是 50 分钟，国内多为 45 分钟，限得很死，有时候老师一个话题正讲到兴头，却不得不中止，否则拖堂引起其他老师抗议。美国这个问题更严重：早晨学生很早去上学，下午三点半放学，让人以为美国学习时间短，其实没有被人重视的一个细节是，很多中小学没有课间休息（recess）。学校一节课到另外一节课的奔波，比工厂的流水线左右更紧凑。甚至监狱里还有放风时间。安排这么紧，作者认为这会扼杀好奇心。学生课间去玩玩，摆弄下上课用的设备（如地球仪）更引发好奇。在国内，过去我们上初中有春游，上高中有去农场帮农，现在出于安全的考虑，很多活动都取消了。高中的农场据说已经开发房地产了。教育的范围越来越窄小。教育和社会之间阻隔得钢墙万仞。

时间、空间的配置，或许是“雕虫小技”，却也会造就不同。但在培育好奇心上，我们是要“龙虫并雕”的，比如得有我们上文所称的激励、自治和成长思维。

奥斯托洛夫也在自己的书里介绍了历史上一些教改和创新试验，如托尔斯泰的亚斯纳亚 - 博利尔纳教育试验，印度“墙上网吧”的创意等。更多的例子是作者从教育第一线收集而来，并在此基础上，提炼了培育好奇心的具体方法。有的大家马上可以用，例如：

- 教室里布置包括学生自己的作业、作品，产生示范效应。
- 有的课程可以去户外上，如草坪上、树底下。
- 部分课程可以用“苏格拉底式诘问”方式去上，把答案从学生嘴里诱发出来。
- 作业中多些“实物制作”，例如用捡来的瓶瓶罐罐制作。这一点城市农村学校都可以做，农村可以做到更好。来自大自然的东西更多。
- 学生的作业中，不妨增加一些“行动研究”的作业，比如学校附近某个路段太拥堵，让学生设计解决方法。

- 斯坦福大学一位老师的考试，别出心裁让一个班级学生结对一起考，另外一个班级按照传统方法单独考，结果学习效果前者更好。
- 让学生合作定制课程的目标和学习活动。
- 不要因为害怕小孩“无聊”，而把他们的每一分钟都填满。一些无聊时间，孩子自己会想办法把活动变得有趣。孩子自由空间越小，好奇心就越不能成长。

当我们还是婴幼儿的时候，我们会通过模仿和尝试，扩大对世界的认知。长大过程中，有不少因素在打击儿童的好奇心：孩子们需要了解学校的游戏规则，以便拿到好的分数。工作后，得接受公司纪律的管辖，揣测上司的心意。在此过程中，我们慢慢失去探索世界的动力。这不说明我们可以听任好奇心死去，个人在这方面的选择还是有的。成人之间，有好奇而探索的猴子乔治，也有封闭于一隅的鼹鼠和井蛙。教育也存在马斯洛那种需求层次，简要地说：第一是安全，读书找个好工作能自己独立谋生；第二是尊重，希望通过自己的学识，以及由此产生的社会荣誉，成为牛人，赢得他人的羡慕；第三是影响，希望通过自己的学识，影响周围或大或小的圈子和社会。我认为最高的层次是好奇，也就是有强大的求知动力，在智识的开拓中找到趣味和意义。好奇心强的人不少成了先驱者、开拓人，甚至成了钱学森之问里说的“大师”。有了好奇心，其他层次需要的实现，则水到渠成。从这个意义上说，好奇心是教育的第一生发力。希望大家一直在寻找“流畅境界”，一直怀有好奇精神。

第三章

管理学习情绪

教育不是装满篮子，而是点燃火焰。

——爱尔兰诗人叶芝

引言

奥维德《变形记》记载，塞浦路斯国王皮格马利翁是一位雕塑家，曾按照自己的理想，创作了一个女子雕像。爱神维纳斯有感于他的用心，让这雕像活了，成为真人。这种梦想成真的事，成了一个心理学隐喻，亦即著名的皮格马利翁效应。积极的心理暗示，能成为“自我实现”预言，改变人的思维，继而改变行动和结果。本章我们想针对学习者的心灵，说说怎样培养积极的学习态度和动机，强化健康的心理暗示，管理我们的情绪，训练心理纪律，管理学习压力。我们希望能通过这些描述和举例，让大家反思如何给自己添加学习所需的能量。

约上自己谈一谈

曾看过一个段子，说悬崖边有一个牌子，上面写着：你不展翅，怎么知道自己是一只鹰？悬崖下的狐狸，就这样过上了每天有鸡吃的好日子。“鸡汤”、“心灵鸡汤”、“鸡汤文”通常被人鄙夷，尤其在高级知识分子中。可是他们多处境稳定，三观定型。那些站在人生十字路口，茫然无主的中小学生怎么办？谁能排解他们的苦闷？

对于“鸡汤”的一味否定，恐怕也和阿Q“精神胜利法”带给我们的负面印象有关。《阿Q正传》中阿Q的“精神胜利法”是无力抗拒现实冲击的小人物自我和解。阿Q本人可怜而可悲。鲁迅先生更多的不满，是对当时逼得阿Q无路可走的国民。无奈阿Q形象太让人印象深刻，后来一代又一代的读者，潜意识中对于正面的心理暗示是戒备的。

但青少年的教育中，积极自我心理暗示对成长必不可少。强化积极的思维，不能只靠做感动的文章。近年来屡见不鲜的运动式“感恩教育”，靠着某某大师在台上的煽情演讲，和大操场式集体情绪传染来解决问题，让孩子们稀里哗啦感动完一阵子，结果是雨过地皮湿，风吹复又干。

积极的心理暗示，能成为“自我实现”预言，改变人的思维，继而改变行动和结果。到底应该怎么强化积极的心理暗示呢？

训练积极思维的第一步是消除负面的思维习惯。这些思维负面习惯影响人生成效。不过这些思维习惯如果不能正确识别，我们自然无从改变。戴维·伯恩斯（David Burns）总结了如下一些负面的思维习惯：

1. 极端思维（extreme thinking）：按照非黑即白的方式考虑问题。一件事如果不能达到完美，则视为失败。
2. 过度概括（overgeneralization）：把一次具体失败或者负面结果，视为永久的规则。
3. 思维过滤（mental filtering）：强调一个负面结果，在审视现实的过程中，扭曲其他方面因素。
4. 积极打折（disqualification of the positive）：思维上对正面的体验大打折扣，忽略它们的相关性和重要性。
5. 消极翻番（maximizing the negative）：夸大负面因素的重要性。[1]
6. 主观臆断（mind reading）：在相关情形下，自觉形成负面结论，那怕并无证据支持这些结论。

---

① 原文为 maximizing and minimizing，结合上一条，本文在不影响原意的情况下，对表达方式有所修改。

7. 歪嘴算命（fortune-telling）：预测事情总是向坏的方面发展。
8. 情绪思维（emotional thinking）：根据自身经历的负面情绪来阐释现实。
9. 错贴标签（labeling and mislabeling）：用负面标签来界定自己或者外部人物、事物，例如："我是个失败者"，"他是个骗子"。
10. 自我投射（personalization）：出现负面结果，会过度地、不合理地归咎于自己。

学生可以定期排查自己一段时期内的负面思维，并列出要解决的任务，继而自我排毒，渐渐把这些负能量思维转化掉，形成积极思维的习惯。这需要我们能够"自我谈话"。

万圣节的时候，我和儿子去要糖。经过附近社区的一些人家的时候，他会说到过去给学校的乐队义卖爆米花的经历："这个人家很友善，每次都帮我。"而走过另外一个人家的时候，我看灯还亮着，他却说不去："这人非常粗鲁。我上次去卖，那人把门打开，头伸出来吼道：'没兴趣。'然后把门摔上。"一个大男人不买就说不买，何必对小孩子这么粗鲁？我听了都生气。记得这事他不止一次跟我说过，可见受伤害很大。我告诉他："你得告诉自己：这人的表现，未必和你有任何关系。或许他那天情绪不好，或许刚才有别的小孩一而再来卖，或许他刚和家人吵架。你不能认为这是对你所做的事的否定。你给学校义卖，做的是好事。"我是要他自我谈话。

我在美国管理协会（中国）从事课程设计工作期间，接触过一门关于销售的培训课程。该课程训练即将从事销售工作的学员学着“对潜意识进行编程”。众所周知，从事销售，需要极强的心理承受能力。卖保险的人，非但会被人拒绝、冷眼，甚至会被亲朋好友远离。在销售过程中受到打击，如果心理脆弱，则可能把失败都揽到自己身上，认为是自己魅力不够，说服力不强等等。阿瑟·米勒的《推销员之死》中的父亲，就是跌进了靠个人魅力销售的怪圈不可自拔，最后成为悲剧。超强的销售人员，会把自己和产品截然分开，如果有人不买自己的产品，不等于对方也是拒绝自己这个人，更不一定是自己人品有问题。只有带着这种心态去销售，你才不会因一次又一次的拒绝，而变得意志消沉。一个优秀的销售者会用清晰无误的语言，给自己的潜意识“编程”：

“我的产品不等于我。”

“这个人反感，或许有他自己的问题，不等于下一个人也反感。”

“我同事的惨重失败，不一定也会发生在我身上。毕竟这个产品满足了人群的需要。”

有时候这些话需要自己在镜子面前大声说出来。大家当窗理云鬓的时候，不妨对镜谈一谈。唯有这样，才能摆脱自己过去失败或者他人失败的阴影。你用有意识的话语，向潜意识发出指令，告诉它这是你可以学习的内容，过去的失败我只接受它的教训，但不接受我会一直失败的暗示。如果你的潜意识接受了这种信息，又会反过来指挥你的意识，二者一唱一和，给你一个开放、健康的学习心态，这是你少不了的正能量。这个大道理可能大家都懂，到底怎么做到呢？我们潜意识如何能被我们影响?

《自我领导》一书作者，亚利桑那州立大学的克里斯托弗·内克（Christopher Neck）、马萨诸塞大学阿默斯特分校的查尔斯·曼兹（Charles Manz）和西弗吉尼亚大学的杰弗瑞·霍顿（Jeffery Houghton）就一再强调用“自我谈话”的办法，补充自己的正能量。这种自我谈话，是利用蓄意的语言文字，表述积极正面的想法，从而影响我们的潜意识。书中举了不少例子，例如：

负面的“自我谈话”：我讨厌团队协作。

正面的“自我谈话”：这对我是个新体验，我知道如果我在团队中努力的话，我们几个人一起总能产生更好的结果，再说大家一起做事也有趣些。

负面的“自我谈话”：这个老师给分总是很低，我恐怕没什么希望。

正面的“自我谈话”：我得找出到底错在哪里，把学习方法和考试上错误的地方找到，纠正过来。只要肯用功，肯坚持，我拿个A是没问题的。

这种“自我谈话”，未必是疯子般的自言自语，而是把隐性的思维用显性的文字表达出来。这可以是早晨起来的讲述，也可以是一天结束时通过日记的总结。在教育中，这个方法的运用至关重要。很多小孩长期困在负面思维里，或是大家在负面思维浓厚的圈子里沉浸过久，无法脱身，结果被拖下水。如果老师能教小孩刻意去自我谈话，对于他们的成长极有助益。

在考试之前开展积极的自我谈话，对于缓解考试焦虑也有好处。例如:“或许在其他地方我遭遇不公，但这次考试是公平的，对我是一次机会。我为此投入了大量准备时间，所以概念和方法我都应对过。我应该以平和的心态去对待它，合理安排我的答题时间。哪怕在一道题上遇到阻碍，我也不会陷入慌乱，而是有条不紊地继续下去。”

不同考生的处境不同，比如有的可能经历过失败，这里需要有应对失败体验的相应的自我谈话，例如:“我上次没有考好，但是这次体验帮助我找到了自己的薄弱点，我已经进行了相关的准备和练习，我这次不会再在这方面受影响。”这种自我谈话必须是个人化的，而这个谈话的习惯，是教育者和家长可以教会给孩子的。

克服负面的对话

中国家长和孩子交流的时候，有些说法也充满负能量。即便说者无心，听者也会受害，这与我们这些话背后的信息暗示，以及我们整个世界观有关。我下面举几个例子说明。这十句话我总结为中国家长最伤害孩子的十句话，曾在网络上发布，得到不少家长的共鸣。不用这些负能量说法，应该怎么说？我也举了一些相反的例子，希望大家根据自己的实际情况自己调整或补充。

表 3.1　负能量和正能量话语

我们的负能量话语	为什么有害？	正能量说法？	为什么有益？
“快点长大，哪天不让爸妈烦神就好了。”	这话伤的是自尊。中国家长有的感叹孩子长得太慢，恨不得他们马上成家立业自己抱孙子。对这话，孩子可能理解为爸妈嫌自己拖累，期盼自己早点离开。这种思维也是视自己为孩子的恩人。	“慢点慢点，你长得太快了！过几年我们就不能每天见到你了。”	这种“唠叨”背后的思维是视孩子为个人的祝福。这话让孩子感觉父母关心自己，喜欢和自己相处。

续表

我们的负能量话语	为什么有害?	正能量说法?	为什么有益?
“怎么这么不听话?”	这话伤害的是个体感。不“听话”有孩子的问题，不容否认。教其尊重权威也是必须。但不听话往往意味着内在积极性没有调动起来。另外，上面不像话更容易引起下面不听话。权威不是威逼而成，以身作则方不怒而威。更有权势者（包括父母）给弱势者（包括子女）先做，才会有示范效应。自己玩手机，却让孩子不要玩平板电脑，则产生虚伪，虚伪生拧巴，拧巴生怨愤，怨愤生对抗。	“来，我们一起计划一下。说好了我们就照着办。” “这事我们可以这样处理……具体方法你看你选哪一个?” “你觉得应该怎么做?” “好，爸爸也不看 iPad 了，我们都出去锻炼下。”	孩子不配合，有时候不是反对某个原则或目标，而是不能认同或是因为能力、精力等限制，在实施的具体方法上不能同意。不如让其参与目标制定，确定对方“买账”。在实施方法上给出选项和自主权，不去“微观管理”，孩子们会更为配合。

续表

我们的负能量话语	为什么有害?	正能量说法?	为什么有益?
“你什么时候能跟人家一样?”	这话伤害的是个性和独立感。说一个人“跟别人不一样”在集体主义文化里是批评，在个体主义文化里则是称赞。好莱坞电影里，男女恋爱中说“你和别人不一样”是甜言蜜语和求欢必备话语，再怎么陈词滥调都有人爱听。对小孩子，美国人也成天灌输“你很特别”（You are special）的信息。有些矫枉过正，但总体上利多于弊，胜过趋同这个坑娃的极端。	“我不要你跟人家一样，我希望你在……上面做到最强。”“你觉得你的强项是什么?”	孩子本来就不一样，其不同点可雕琢打磨，变成其杰出处。“若能出众，何必趋同?”（Why fit in if you can stand out?)

续表

我们的负能量话语	为什么有害?	正能量说法?	为什么有益?
“这么粗心!这样的题目都会错?”	这句话伤害的是好奇心和容错能力。这里有两骂,一骂粗心二骂错误。骂粗心往往是忽略学习能力问题,而将其归为态度问题。出错或许根本不是来自粗心,甚至也非愚笨所致,而是学习没有达到相应阶段,知识视野里存在盲点,等等。此时在“粗心”之类态度上做文章系缘木求鱼之举。骂错和夸错一样坑人。错误本身不都是坏事,总在机械重复的人,才不会出错。你老是指责孩子的错误,孩子则在寻找你的边界在哪里,并尽量保持在这个区间里,不越雷池半步。	“错了没关系,出错或许是尝试得不勤,挖掘得不深,努力得不够。” “我们来看看错在哪里?我看你再来做一遍,看哪个地方我们能做对?” “能不能看看可汗学院是怎么解答这道题的?” “我们问问老师,为什么不能接受这个答案?”	为避免错误不去探险,如何开拓更大的天地?学校家庭多属安全环境,在尝试中出错并不可怕。创业者说:“早点错,多点错”(Fail early. Fail often.)若为错误而错误,固然荒谬,但若追求成功,出错时亦要从容淡定,并利用错误得来的反馈来长进,则化腐朽为神奇。

续表

我们的负能量话语	为什么有害?	正能量说法?	为什么有益?
"昨天地是她（他）擦的。这次轮到你了。"	这句话伤害的是领导力和积极性。如果孩子说:"她（他）不动，干吗指望我?""为什么不让姐姐来擦桌子?"我们回答"昨天是她（他）擦的。"是被卷进了孩子的游戏规则。他人不作为，自己就不作为，不过是相互比烂。这是把竞争变成了比烂文化，你不做我也不做，你懒我更懒，继而三个和尚没水喝。	"看我们谁带头来处理此事?"	这是强调积极主动做事的人的领导力。这也是一种竞争，其结果是见贤思齐，你关心我比你更关心，你做事我会做得更多。这种文化引导积极向上。和负能量说法相比，负能量说法是在养缩头乌龟，正能量说法是在培养领导素质。

续表

我们的负能量话语	为什么有害？	正能量说法？	为什么有益？
“呀，又考一百分了，真聪明！”	这句话貌似好话，实际上暗藏负能量，它伤害的是成长思维。我们以为这么夸是让孩子自信，但这么做代价不小，甚至得不偿失。再说自信也不是所有孩子的问题，甚至只能说是个小问题。根据上一章说的固定思维和成长思维，孩子的天赋，表扬与否也改变不了。最好不要让孩子认为是自己的聪明造成了一切，否则，聪明成为聪明人的绊脚石，他一辈子都会在这上面栽跟头。这些孩子太把聪明当回事，败不起。为了避免失败，会降低任务难度，唯恐丢掉“聪明人”的桂冠。	“很高兴你拿了一百分，你在练习当中没有玩手机，态度专注，果然是有好结果。” “考这么好，看来你不断在总结，还是有效果的。” “考这么好，我看是你对老师的反馈用了心。” “考这么好，我觉得是你坚持的结果。”	个人努力和方法的改进，则可以通过合理赏识而改变。我们多表扬可变的因素，如努力、认真、坚毅、负责，少表扬不可变的因素，如漂亮、帅气、聪明。

续表

我们的负能量话语	为什么有害？	正能量说法？	为什么有益？
“地刚拖，不要在上面乱跑。房间刚打扫，别又搞乱了。”	这句话伤害的是勤劳。孩子可能的理解：父母是懒汉，为了自己少做事不让孩子尽兴。另外一个信息，是玩耍是恶习。这样的家庭必定是肮脏的。大人主要出发点是少做事，为了少做事，让他人缩手缩脚。嬉戏中设置障碍，增设边界，会让孩子玩得不开心，也影响创意的发挥。	“痛快去玩啊，回头不要忘记收拾干净。” “每天早晨把屋子收拾下，没人看，你自己要住的，干干净净每一天心情舒畅。” “昨天刚扫？每天都打扫，打扫就越来越容易。”	干净整洁是勤快人享用的。乱了不怕，脏了不怕，养成勤快收拾习惯才好。好的家庭，会像曾国藩说的那样晨起即扫，而不是来客人的时候才去打扫。好的环境主要是给自己享用的，不是给他人看的。
“你大些，让弟弟。”	这句话伤害的是公平感和彼此关心。孩子可能的理解是：对错和公平，不比客观上的年龄重要。年龄是不可变的，无关公平、公正。另外，这么说是偏向一方，会让另一方心生芥蒂。	“你们两个以后会是最好的朋友，学会互相照顾。”	引导孩子把不公正行为的解决，转化为相互的关心。

续表

我们的负能量话语	为什么有害？	正能量说法？	为什么有益？
“你看隔壁人家小孩，又考100分了。”	这句话伤害的是自尊。对于小孩来说，这种攀比杀伤力极大。他们听到这话，会认为我们不能赏识他们自己，而是以人之长，比己之短。	“他考一百分，可是你也很强啊。你这画画得很逼真，你这追求完美的态度，他人不一定有。我为你感到自豪。”	与其补短，不如扬长。多识别、描述孩子各自优点，通过言行塑造其增长优势的习惯。

续表

我们的负能量话语	为什么有害?	正能量说法?	为什么有益?
“家务不是你做的事,快学习去。”	这句话是伤害整体的生活幸福。这句话以及背后的教养思路,会直接导致孩子未来的不幸。孩子脑力活动过多,做家务有时候是调剂、锻炼,也是他们对家的爱护,对人的关心。如果阻挡,或是到了合适的年龄不让参与,孩子可能的理解是:家务是别人做的事。这种信息下教育出来的孩子,就是传说中“没有家教”的孩子。他们在工作后结婚后,会成为他人累赘。做事总依赖未来的配偶等人,自己能躲则躲,一时看似讨巧,实则会把经营生活的权利拱手相让,自己坐以待毙地接受他人行动的结果,或是在牢骚满腹中恶化关系。	“来,帮帮我,我们把音乐打开,一起来把家里打扫一下。我们需要拖地、吸地毯、擦厨房,你们愿意选哪个?” “来,这个菜你喜欢吃?跟我一起学一下。以后妈妈不在身边,你也不用求人。” “来,跟爸爸学学怎么换灯泡,不然以后这都不会,被人背后笑话。或者是触电了都不知道怎么回事。”	这么说孩子会理解为:做家务是所有人的事,做家务是帮助他人,做家务也是一件愉快的事。

管理我们的情绪

有一天中午，我和女儿一起吃饭的时候，我问对我脸色很不好的女儿："好像你对我有些不满。要是我有什么地方做得不对的，你可以告诉我。"她没有多说，但是我明显看出来她平静了很多。《移情力》（*Empathy*）一书的作者说到，当他的小孩闹情绪的时候，他就帮助小孩把情绪表达出来。他说的结果和我的体验完全一样：小孩每有恶劣的情绪，成人若能帮其准确表达，就能让其情绪舒缓，从而促进人们相互了解，继而改善关系。

即便大人，也不都能够准确表达自己和他人情绪。中国人总的来说，情感表达比较委婉，比较含蓄。在美国，人们对于感情的表达更为直接一些，表达方式也很细腻。这种情感词汇的细腻，也是因为发达的心理学，让人认识多种情绪，并能了解其中的细微差别和互动关系。美国心理学是大学公共课，甚至高中都有开设的。普通人对于心理学也有所了解。约翰·契弗的小说《恰似天堂》中提到："弗洛伊德的词汇已经家喻户晓。服务员在供应卡车司机的餐厅不小心把你的啤酒洒了，她也会说：'哎呀，这是弗洛伊德式滑出。'如果你问她这话什么意思，她会说：'你怎么啦？昨天出生的？弗洛伊德式就是滑的意思。懂不？'”这些来自心理学的描述人心理状态的词汇丰富，会直接影响我们的世界观，比如我们能看到一些人有问题不承认，在美国很多普通人都知道“盲目否定”（in denial）、“心理防御过当”（defensive mode）这些说法，但中国人往往只用“这人好不讲理”一句带过，没法深入地了解对方处境是什么。

书面语中，中文和英文的情感词汇都很丰富，比如表达愤怒，英文词汇有：angry, mad, indignant, antagonized, aggravated, irate, livid, incensed, inflamed, exasperated, outraged, furious。而中文也有大怒、盛怒、雷霆大怒、怒发冲冠等诸种表达。

但大家对于这些词汇使用频率大不相同。比如英文中就常听到 feel impatient, frustrated, bitter, hesitant, leery, uneasy, anxious, appalled, offended 这样的表达。在日常生活当中，中文的情感词汇相对单一，有时候对情感的界定缺乏严格区分，被“喜怒哀乐”几个大类弄得面目模糊，缺乏必要的严谨。正面的感情，比如爱，大家也不像美国人说“I love you”那样张口就来。

而负面的感情，则更容易混淆。不表达和表达不准确的结果是容易被误读，继而引发关系的紧张和矛盾冲突。比如一个人的乏味可能会被另外一个人误读为对自己的轻蔑；一个人感到有些烦，另外一个人可能误读成敌意、挖苦、恶毒，继而引发矛盾冲突。

如果仅仅将这些情绪大而化之地表述为沟通问题，可能大家还只是试图在同样的情绪之下，用别的方式把事情重新表述一遍，根本无助于问题的解决。如果准确地描述自己的情绪，准确地解读对方的情绪，则会改变沟通的大环境，使得沟通成为小问题。

我们有必要丰富我们的情感词汇。但好多习惯，成年人难以更改，而小孩更有可塑性。小孩有情绪，无法表达出来，结果就变成无理哭闹，这种习惯如果从小不改，长大之后也就只会胡搅蛮缠。范德堡大学（Vanderbilt University）的婴幼儿社会和情感教育中心（Center on the Social and Emotional Foundations for Early Education, n.d.），建议家长蓄意地训练儿童准确表达自己的情感。他们要家长"给每个情绪一个名字"，比如说："我今天很难过，因为爸爸要出差了。"

情绪的负能量不能只求围堵和打压，而应识别和应对。要跟小孩讨论自己的情绪，让小孩子能够识别："昨天你看到没有，浴缸下水道不通，妈妈很恼火，你还记得妈妈恼火什么表情吗？要不给妈妈学学看？"也要跟小孩说说不良情绪的解决办法："我恼火的时候，深呼吸，然后数到三，然后想想用什么方法能更好地解决这种问题。"该中心还建议，要用小孩能够听懂的语言介绍情绪，比如"勇敢、开朗、困惑、好奇、失望、尴尬、兴奋、幻想、友好、被忽略、大方、急躁、重要、有兴趣、嫉妒、孤独、困惑、愤怒、厌烦、惊奇、骄傲、失意、犯傻、不适、担心、固执、害羞、满意、安全、轻松、平和、不堪重负、有爱心、紧张、平静”[①]等等。这里我给大家布置一个作业，请大家识别并记录周围一个孩子的情绪，尽量根据细微差别，使用不同词汇，并在记录后与孩子沟通，验证自己的观察是否准确。

家长要对青少年学习者准确表达情绪或者识别情绪给出及时表扬，并利用阅读的机会，教小孩识别人类丰富而复杂的内心世界，不要由着他们成为只懂得几种情绪的情绪“大老粗”。小孩处在情绪中时不要试图这么做，而要等其平静的时候来命名、讨论这种情绪，以及适当的解决方法。

更为重要的是，小孩要知道如何应对自己或他人的情绪，要能够用积极的方式应对情绪。康奈尔大学教授、儿童情绪专家肯尼斯·柏瑞斯（Kenneth Barish）博士称这种做法为“情绪自律”（emotional regulation），这种自律包括愤怒的管理（anger management），也包括帮助小孩舒缓压力和紧张，应对失望和挫折。“当我们接受并尊重孩子的情绪时，我们不仅能够帮助他们感觉更好一些，我们也能让他们在生活的各个方面更有成效！”

很多家长只顾通过各种活动培养小孩诸如吃苦耐劳这类品质，忘了情感的表达和沟通，而这往往是最重要的一步。人生很多问题，一旦能说得出口，就可能不再是问题，或者说可以由此变得容易解决。

---

① 原文为：brave, cheerful, confused, curious, disappointed, embarrassed, excited, fantastic, friendly, ignored, generous, impatient, important, interested, jealous, lonely, confused, angry, bored, surprised, proud, frustrated, silly, uncomfortable, worried, stubborn, shy, satisfied, safe, relieved, peaceful, overwhelmed, loving, tense, calm。

或许我们可以给每一个情绪一个名字，一条出路，从而结束那些别扭和委屈，冷战和热战。

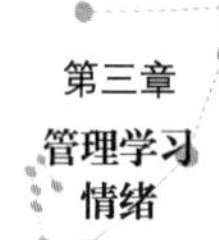

情绪识别之后，还须管理。和情绪相关的一个说法是情商。提出情商（又称情绪智能）一说的丹尼尔·科尔曼（Daniel Coleman）称，很多高绩效的领导者并非智商过人，而是有出色的“情商”。他所说的情商有如下五项内容：

表 3.2　情商内涵

	定义	标志性特征
自知（self-awareness）	识别并理解自己的情绪、情感、驱动力及对他人影响的能力	自信 对自己有现实评估 有自我贬损式幽默
自律（self-regulation）	控制并疏导破坏性冲动和情绪的能力；能抑制匆忙判断，并有在行动前加以思考的习惯	可靠而正直 适应不确定性处境 对变化持开放心态
激励（motivation）	能因金钱和地位之外的原因而热情投入地做事； 习惯于精力充沛、持之以恒地追求目标	追求成就的强烈驱动力 即便失败的时候，也能保持乐观 对组织忠诚
移情（empathy）	能够理解他人的情感状态 对他人的情绪敏感，并有做出相应反馈的技能	善于培养并挽留人才 有跨文化敏感性 有对客户的服务意识
社会技能（social skill）	善于管理关系，组建网络；能够找到共同点并建立和谐关系	能卓有成效地领导变革 说服能力强 善于建立并领导团队

过去听人说起情商时，一般只听到“某某情商高”、“某某情商低”这样的说法，比较粗线条。另外，我们对情商的理解，也往往局限于某人抗挫折能力强、百折不挠这有限的方面。从这张表中我们能看出，情商的范围其实比较广，一个人可以皮厚心黑，抗挫力超强，但恰恰缺乏“穿越”到他人处境的移情能力，对他人的情绪不敏感，那是情商高还是低？那要看说的是情商的哪一个方面了。或者说那所谓的“高情商”对自己和社会有何益处？

出于好奇，我自己去测试了一下[①]，发现自己的自知分最高（满分15分，我14分），但是自律最差，仅8分，其他中等。由于测试题设计得比较粗糙，问题不是情境式，而是主观判断，我对这种测试的稳定性有所怀疑，但大体上和我自己的观察一致。我的自知分高，因为我一向相信“没有反省的人生不值得一过”（苏格拉底语）。我从小到上研究生都写日记，之后写网络文章，可没少反省。需要加强的地方，是自律。

识别情商上的具体得失之后，这些方面我们能不能加强呢？科尔曼认为是可以的。他反对企业通过一次两次培训，改变人的情商，而是应该通过长时间“激励、大量练习和反馈”，改进人的情商。我上面说的识别情绪思维，如果家长在孩子表现出某种情绪的时候及时、准确地将情绪表述出来，给出应对的策略，就是极好的反馈。如果长

① 测试网址：http://www.mindtools.com/pages/article/ei-quiz.htm。

期这么做，形成习惯，有意识的提醒，会慢慢内化为潜意识的、自觉自主的情绪反应。

上面说的自律，也是一种情绪纪律，如何理解并改进呢？我将在下面继续描述。

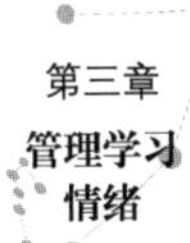

训练心理纪律

学习理论中常常把学习的内容分为知识、技能和态度三种。很多人把态度视为先天的个性因素，其实态度也是可以学习和改变的。好的思维习惯和情绪管理，就是态度范畴的学习。心理纪律是一种自我约束力，它包括自我控制、自我调节、自我管理、自我奖励。斯坦福大学著名的心理学家艾尔伯特·班杜拉（Albert Bandura）提出了四个加强自我控制能力的要素，它们分别是：

- 蓄意（intentionality）：这是指对自己的行动，不是随波逐流，而是能够蓄意控制。比如学生可以跟自己说："今天我要过一个有规划的，而不是随波逐流的一天。"
- 前瞻（forethought）：不纠结于不堪回首的往事，而是着眼未来。不仅对未来有所规划，而且能预见未来结果，并据此规划行动，以达成预期结果。"如果我按照这个计划，我能达到……结果，这会怎样影响我近期或长期目标的实现。"
- 自适（self-reactiveness）：选定目标后，要能够根据选择计划行动，并随时通过自我激励、调节、影响，微调计划执行过程。“假如有其他因素干扰，有不良诱惑，我会这样调整今天的规划，或是通过这样的方法去合理应对……”

- 自省（self-reflectiveness）：是指能够对自己、对自己的思想、行为、激励因素、价值观、人生追求有所省察。学习者可以这样自我发问：“我今天做的这些，是否有效？低效的地方在哪里？高效的地方在哪里？有哪些成就？有哪些我搞不懂的地方我要记录下来？”（Bandura, 2005）

关于自律的另外一个说法，是持久力（resilience）。“坚毅”（grit）也是类似概念。“行百里者半九十”。很多学习者或许足够聪明，也有上述蓄意、前瞻、自适、自省的思维习惯，能不断优化各自行为的效率，可是他们缺乏持久的能力，导致半途而废。这在自制力稍差的青少年中非常普遍。

造成持久力下降的原因有很多。有一些是外部的，比如缺乏足够的资源。也有不少是个人因素，比如在挑战面前，缺乏足够的预备。学习时间过长，缺乏休息，出现倦怠。对于学习的结果缺乏信心，看不到成就。宾夕法尼亚大学心理学教授马丁·塞利格曼（Martin Seligman）是“习得性无助”的提出者，也是积极心理学的活跃倡导者之一。他曾帮助美国军队做过训练，帮助解决军人常见的心理问题。他所做的这种持久力训练，包括如下环节：

形成强悍思维（building mental toughness），这包括帮助军人识别相关思维陷阱，比如一次成败论英雄。遇到一件事，不只是考虑“最坏结果”，也考虑“最好结果”以及“最可能出现的结果”。上述识别负面思维的策略，也可用来培养强悍思维。有了强悍思维，人就不会在遇到逆境或失败时陷入绝望或苦毒，而是愈挫愈勇。

识别标志性优势（building signature strength）：通过专业问卷，识别出形容一个人的标志性优势。盖洛普的优势识别器测评，可比较准确地识别出一个人的性格优势。我们常说的“情商高”、“情商低”也有些误导性，其实每个人都有一系列独特的优势。发挥这些优势能强化人生成效。中国教育者往往具有“木桶思维”，担心水桶哪块板短了，赶紧补上。短处是补充不完的，与其面面俱到，整体平庸，不如集中精力，发扬优势。让优势牵引学习者前行。

建设强有力的关系（building strong relationships）。“一个好汉三个帮”，上面我们说了不少自我管理的方法。强化积极思维的一个关键是建立健康向上的群体关系。在这种关系中，可使用合理的表扬与分享，引发出积极的心理反馈，同时借此建立长期的友谊。近朱者赤，近墨者黑。人有好的圈子，大家会互相激励，互相提升。反过来，处在牢骚满腹的圈子，或是结交一些负能量太多的人，会让自己跟着下坠的。

管理学习压力

学习者还应训练的一种心理纪律，是对压力的管理。合理的压力，能促发人上进。凯丽·麦戈尼格尔（Kelly McGonigal）甚至发表演讲称，应该把压力当成自己的朋友。但是如果压力过大，会造成身体、精神、心理的伤害。美国职场每年因为压力问题造成的损失高达3000亿美元。青少年学生时间安排紧张，考试和升学往往迫在眉睫，压力非常之大。“压力山大”，怎么破？霍顿等作者提出了如下应对压力的模型：

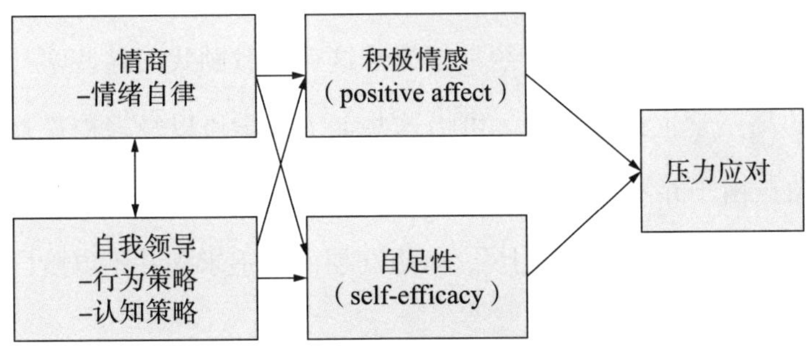

图 3.1　应对压力模型

译自 Houghton, Wu, Godwin, Neck, & Manz（2012, p. 225）

上面说的情商管理和情绪自律，能引发积极向上的积极情感，让人在面对压力时不至悲观丧气。另外，霍顿等人提出的“自我领导力”也是应对压力的好办法。其中的策略包括上文说的“自我谈话”。好的自我谈话，能帮助我们消除一些负面的想法。负面的想法，扭曲的认知，往往会增加我们的压力。养成自我管理的良好习惯，能让我们的能力不断成长而产生“自足性”，从而能够自发、自主地完成各项任务，而不是在他人的推动下做任何事，或是时刻需要他人的帮助才能解决个人的问题。

另外，“建设性的想象”（constructive mental imagery）也有助于抵抗压力，也就是在面对压力时，去想象达成了某个目标之后会带来的好结果。没有一个跑马拉松的人，不曾想象自己冲到最后的场景。有时候这个想象，也可以是良好的个人形象。我问过很多在四五十岁读博士的人为什么要去读，有些人说是希望自己坚持读完，能给子孙留下好的榜样。这种把自己变成榜样的力量，鼓励着他们应对没完没了的作业和读书中的其他各种操劳。记得在我读高中时，英语老师会用上大学后可以经常打篮球这点来激励我们这些学得灰头土脸的高三学生挺过难关。可惜这些上了大学可以轻轻松松打篮球的想象，由于并不长远，也会导致学生上了大学后陷入懒惰和懈怠。更好的办法，是“取法乎上”，有更高层面的追求，并不以阶段性目标为终点。

更为关键的是，我们得找到我们的压力源（stressors）。如果我们的目标太阔大，自己力不从心，我们会在实现目标的过程当中产生严重的焦虑，或是在失败之后一蹶不振，自我怀疑。有的时候，压力源来自外部，比如我自己发现处在纷乱的环境下，分心事项太多，而自己想集中精力做点事，也会产生压力源。我长期从事写作和翻译，需要大片宁静的时间，如果周围太吵，我会非常烦躁，结果什么事都做不好。识别了这种压力源之后，我会去找宁静的时间（比如孩子睡觉之后或起床之前），或是不受干扰的环境（比如去很少有人打扰的图书馆），去做我的事情。

现在我们几乎都有智能手机，可以用来刷微信，刷微博等等，这些导致我们同时从事多重任务，成为“低头族”、“刷屏族”。这多重任务带给我们各种压力，比如我们本应完成的任务被耽误。有的小孩常以自己能同时和多少人聊天而自豪。但是同时从事任务太多，不能专注，任务和任务切换之间，我们会消耗大量的时间。丹·艾瑞利曾称，最有效的“多重任务”，也不过是边走路边吃口香糖，其他很多多重任务的方法，多属自寻烦恼。为了减少自己的“多重任务”诱惑，我也开始蓄意地学习专注。比如在写作的时候，经常会断开自己电脑的网络，好不受诱惑地专心做事。

每个人应对压力的策略亦大不相同的。我女儿参加过多次小提琴比赛，包括全州音乐学会的比赛。一个中学生，面对几个裁判单独弹琴，压力是很大的。一次全州比赛后，她说中间裁判还打断她，当场给出指点，她无从知道是不是自己弹砸了，压力可想而知。她的一个应对办法，是比赛之前吃香蕉，她说这样可以防止手发抖，也不知这样有无科学依据，但起码可以作为一种心理安慰剂使用。

我上过的一门课上，老师让我们每个学生描述对自己应对压力的办法，摘译如下，希望对大家有所启发：

表 3.3　压力场景和应对办法

压力场景	应对策略
“我是一个很敏感的人，当别人对我言语粗鲁的时候，我会往心里去，压力会非常大。”	“我利用自我谈话的办法应对这种压力，我会想这人的行为未必和我本人有什么关系。如果有机会，我会问一下对方，到底发生了什么事情，让他不高兴，如果并不是我引起的，我的压力会消失掉。”
“最近，我们学校新上一个教师评估系统。新的评估系统和过去我长期使用的系统大不一样，实施起来耗时过多，这让我非常受挫。”	“我应对压力的主要办法是锻炼。我会每天安排三天，锻炼至少三十分钟，另外我也会吃比较均衡、营养的饮食，提高自己的活力和能量。”
“我父母有一门外卖的生意，有一年接到一单给婚礼送餐的业务，需要准备 900 份饭食。那一天我们人手不足，德州天气又极炎热，多个烤箱我们同时在用，空调又开得大，以至于保险丝都烧了。我的压力非常大。”	“为了更好地解决这种压力，我有意管理自己的情绪，让自己保持冷静，一个问题一个问题地解决。我觉得遇到这种情况，能保持自己的控制力，不陷入慌乱。”
“我是一个老师，马上就要放感恩节假了，我忙着批改作业，这时候突然高教审查委员会发邮来，要我们提供将近两百件认证材料，我一下子又急又气，感到心跳加速。”	“抱怨没有用，我迅速展开了工作，并开始用深呼吸，让自己冷静下来。等身体进入平常状况后，我做了个祷告，祈求心灵平安和工作效率。”

续表

压力场景	应对策略
“我们已经有了三个孩子，但是想到德州很多孩子没有父母，我们决定领养。后来果真如愿，我们前前后后领养了三个孩子，这样家里一共有六个孩子，突然忙乱得不行。这中间我妈妈又摔倒，肩膀受伤，卧床养伤，而我父亲在上夜班，只能我来照料。这段时间我每天晚上在妈妈家沙发上睡觉，早晨一起来就赶紧跑回去照料孩子。我这人本来很有耐心，但是那段时间脾气很不好。”	“经过那紧张的一个月，我发觉这段经历给我们带来了很好的结果。我应对母亲受伤和走领养程序的过程，我的孩子都看在眼里，他们积极主动地帮我做事，在心灵上也大有成长。”

从上面的例子我们可以看出，“家家都有一本难念的经”，每个人会面对不同的生活和工作压力。好消息是，每个人都可以找到自己应对的办法，小到调整自己的呼吸，大到寻求宗教力量的支持。

学生处在成长阶段，很多问题第一次遇到，压力会很大，但是他们遇到的问题，其实他人也会遇到。不妨多去识别自己的压力源在哪里，多向遇到同样问题的人咨询，不要闷在心里。另外，也要使用一些对所有人都适用的共性办法，例如加强身体锻炼，增加必要的休息，保持积极乐观的心态。另外要知道自己的局限，不要一下子贪多，希望一劳永逸解决所有问题。若能这样，没有我们闯不过的压力关。

培育坚毅

坚毅（grit）一词，因科恩兄弟指导的西部片 *True Grit*[①] 而广为周知。在教育界，坚毅被视为青少年核心素养之一。坚毅常被人理解为在挫折面前不屈不挠。让此概念走红的是安杰拉·达克沃思（Angela Duckworth），她的六分钟 TED 演讲引起广泛关注。《坚毅：释放激情与坚持的力量》[②] 一书在其后出版，并立刻成为畅销书。

达克沃思先后在哈佛大学、牛津大学取得学位，后做过麦肯锡顾问，不满意，跳槽去中小学教书，不久后去了宾夕法尼亚大学，拿下了心理学博士学位，现在她是该学校克里斯托弗·布朗（Christopher H. Browne）特聘教授。她还获得过著名的麦克阿瑟天才奖，奖金为 62 万美元。她是标准的学霸和牛人，应是青年学子的励志榜样。

① 中文译名《大地惊雷》。

② 中文版由中信出版集团于 2017 年出版。

智商必要但不充分

达克沃思认为，对个人成就而言，坚毅的重要性不低于智商。杰出如威尔·史密斯（Will Smith）这样的人，也说自己最为擅长的，是“勤奋到了荒谬、病态地步”。作家约翰·欧文（John Irving）从来不觉得自己有天赋，甚至“很把自己的没天赋当回事”，在勤能补拙中变得著作等身。达克沃思在《坚毅》一书中，打破了人们对于智商和天赋的盲目崇拜，而重新体现努力的重要性。

与智商相关的一个概念是才能。才能可以说是在现实中着陆的智商。和达克沃思一样，我也曾在麦肯锡工作过。我做的是翻译，在接触工作文档和出版物过程中，就深深感到麦肯锡过于迷信个人才智。在中国招人时，该公司只考虑北大清华复旦等几所名校。为了考人才智，麦肯锡招聘时会问“中国有多少加油站？”之类貌似脑筋急转弯的问题。它们表面上在考知识，实际是想了解应聘者解决问题的思路。你可以一步步做假设，例如中国有多少人，平均多少人会有一辆车，多少车会需要一辆加油站等等。验证假设所需数字，会有专门的研究团队去找。

日子久了，大家能找出回答这种问题的套路来，它们成为新的俗套。麦肯锡换别的方式出题，但换汤不换药，不过是要用别的办法找对“聪明人”，找到“人才”。这跟姑娘结婚，总想一次到位“找对人”一样。要知道，个人对于生活的经营，也是幸福生活不可或缺的因素。

麦肯锡的顾问曾出版《人才战》(*The War for Talent*)一书，很畅销，造成人才紧俏到需要去抢的社会印象。抢来的人才，有很多在单位处于闲置、误用状态，比较浪费。在麦肯锡这种组织里，来自名校的人才大把，但是我发觉一个奇怪现象，大家还是以当年托福考了多少，在某某少年班就学，上了某某名校之类事迹为荣，应了《优秀的绵羊》一书中说的一句话："名校毕业生有的人一辈子最大的成就，就是读过某某名校。"我后来离开了这家管理咨询公司，去做管理培训。在此转换中我深切体会到，后天培训、培养对于人才发挥的作用才是至关重要的。

坚毅所指为何

"破"了天赋崇拜之后，作者所"立"之论为何？"Grit"有哪些内涵？"Grit"一词本指沙砾，也包括耐力、勇气、在困难前不放弃、在痛苦时不屈服等特质。坚毅的内涵，包括勤奋、坚持、意志、耐力、决心等。

坚毅这种品质的提炼，以及它与成功的关系，多来自作者自己组织或者阅读过的心理学实证研究。1940 年，哈佛大学曾对 130 个二年级学生做过一项试验，让其在跑步机上跑五分钟。跑步机自身设置暗含问题，在上面跑步很难，参与试验的学生坚持时间不一。学者对这 130 个人进行了长期追踪，发现多年后，这 130 个在智商上都属于天之骄子的哈佛毕业生，日后个人成就和人生幸福，和当初在跑步机上坚持多久有高度关联。作者还曾在西点军校做过测试。西点军校进去的个个都是狠角色。但野兽营之类辛苦训练，让很多学员不堪承受而被淘汰。可见智商能使人笑在起跑线上，而坚毅能让人笑在终点线上。

使命意识也是坚毅的内容之一。有才而无德的人，若有“坚毅”习惯，永不放弃，恐怕对个人和社会祸害更大。因诈骗丑闻破产的安然公司高管杰夫·斯科林（Jeff Skilling）是前麦肯锡顾问，一味推崇智商，为了保持公司精英统治，每年淘汰绩效最差的15%员工。这惨烈的绩效文化，使得品德什么的都成了浮云，大家为了结果不惜手段。这种欺诈盛行的文化，最终让公司倒台，大批无辜员工失业，客户血汗钱付诸东流。

人才寻找的工作意义，可区分为工作（job）、事业（career）和人生使命（calling）。有个类比很好地解释了这三者的区别：一群人在搬砖，甲说我在搬砖（工作），乙说我在建教堂（事业），丙说我在为上帝的殿堂做工（人生使命）。这些并非互相排斥的概念，使命感强烈的人，更有可能百折不挠。使命感便是“坚毅”的内涵之一。

在个人培养“坚毅”的部分，书中一共有四个章节，分别是“兴趣”、“练习”、“目标”和“希望”。在练习方面，达克沃思曾经和体育、音乐、学术、军事、科研等领域人才的研究员一起，访谈、观察过一流专家，发现他们的练习有类似特征。有效的练习不仅仅只是花费“一万个小时”，也包括专注、反馈与反思。

另外三个“内涵”——树立目标、传达希望、利用兴趣，更是中国教育的短板。在目标确立上，作者表示，坚毅不是愚蠢地追逐所有的目标，而是学会放弃，追求重要目标。巴菲特曾让自己私人飞机的飞行员树立人生目标，飞行员感觉茫然。巴菲特教了他一个方法，让他列出 25 个目标，然后选中其中 5 个，要他划掉余下 20 个目标，对它们坚决避开，碰都不要碰，以免分散时间和精力。书中来自各界的坚毅例子很多，值得我们深思。

坚毅是舶来品也是土产品

在美国教育界，坚毅一说之所以流行开来，我想和高校辍学率的升高有关。美国高校排名的指标之一是挽留率（retention rate）。美国高校转学容易，退学后重来也可能，故而学生受点苦就受不了，辍学的人太多。学校如果资源丰富，能给学生提供各种帮扶，他们就不会轻易辍学，这是排名背后的一种潜在假设。根据《坚毅》一书的说法，坚毅其实也是个人的事，不能都指望学校的支持。

坚毅一说在美国大热后，也在国内流传开来。其间有人说“我们还在讨论学习兴趣，‘out’啦，人家美国都讲吃苦耐劳啦！”可不要忘了，“人家美国”的达克沃思，本就是来自中国的七零后，难说没受到中国吃苦耐劳文化和家庭教育的影响。达克沃思为其夫姓。这本书在美国冲击力很大，如同另外一本《虎妈战歌》。不同的是，作者没有“虎妈”那么咄咄逼人，把自己的教育观归因于中式影响，站到了文明冲突的阴影下，招致各种争议。《坚毅》绕开了文化差异，作者甚至没说自己原本来自中国。这样一来，她所说的一切，引起的反弹就很少。达克沃思为此频频成为世界银行等国际组织，NBA、NFL球队教练和诸多财富 500 强企业总裁的座上宾。做哪一行不需要持之以恒呢？

宝贵的是，她在自己的思考中，平衡了努力和兴趣之间的关系。她认为伟大是“可行的”，也是“习得的”。天赋乘以努力就等于技能，技能乘以努力就等于成就。

坚毅是吃苦也是用心

如上所述，坚毅和中国文化对吃苦耐劳的强调，在本质上有相通处。吃苦这种说法，向来是中国家长和老师所喜闻乐见的。钱文忠教授曾在“第三届新东方家庭教育高峰论坛”上发表演讲《教育，请别再以爱的名义对孩子让步》中批判“快乐教育”，呼吁家长和老师不要以爱的名义对孩子让步。钱教授反对“快乐教育”，则陷入了两种错误。第一是美国本无“快乐教育”一说，钱教授不过是树了个假靶子在打，这是典型的“稻草人策略”的悖论①。第二，将学习和痛苦等同起来，陷入了“非此即彼”的思维陷阱。学习过程中提高标准，让

① Straw man strategy，亦即批评不存在的对象，包括对方本来没有说过的话，或自己对对方概念的扭曲理解。

目标更有挑战性，增加适当的难度，这种苦是要吃的。不过也有不少苦，纯属折腾。例如，我女儿的一项作业我很反感，老师让学生把一些词汇的定义抄在作业本上，这些词汇本来是在 Quizlet[①] 上，学生可以利用 Quizlet 直接去训练。抄到作业本上花的是无效的时间，除非其目的是让高中生练字。换言之，缺乏明确教学作用的吃苦，属于徒劳。学生不知道学习的目的，看不到意义，感觉不到希望，这种吃苦的作用，也是可疑的。学生完全可以带着很强的学习激励去流汗，这不是简单进行吃苦还是不吃苦的选择过程。

《坚毅》一书的小标题就解决了读书是吃苦还是享乐这二元对立的问题。坚毅呈现的，是“激情与坚持的力量”。只有坚持没有兴趣、目标和希望，就是盲目的吃苦，是不可取的。

坚毅能够训练出来

我们常说某人比较能忍，有恒心，仿佛这一切是命定的特质。诚然，个性让某些人比其他人更坚毅一些，但书中给人的印象是，坚毅是三分天注定，七分靠修炼。这包括“由内而外”的自我教育，也包括“由外而内”的环境影响。家长的蓄意训练，社会的鼓励和弘扬，都能培养一个人的坚毅。作为家长，当我们考虑培育孩子坚毅的时候，要做“聪明的”家长：既严格要求，也提供温暖的环

① 一款学习应用。网址：http://quizlet.com。

境，并在资源和言行上给予支持。做这样的家长应该是社会共识，因为别的任何风格，如纵容（permissive）、忽略（neglectful）和威权（authoritarian）风格，都已经被证明为低效。

培养孩子的坚毅品格，需要“有结构的课外活动”，让孩子们系统地学一种能乐在其中的爱好，不管是钢琴还是芭蕾。坚毅不说明不顾其他事实，盲目坚持开始选定的目标。有时候因为环境的变化和个人的限制，放弃也很自然。但如何放弃也有讲究。小孩子小时候参加兴趣班，以后想放弃，应当把握好时机。让小孩遇挫时退学会发出不好的信息，故而不可取。最好在一些自然时段（比如新学期开始）放弃。教育需要一个村庄，大家也可易子相教，不要过度夸大家长的作用。一些孩子在生活中遇到靠谱的“人生导师”，也能训练各自的坚毅。

美国人什么好的品质都往“领导力”的篮子里丢，中国教育界什么好的品质，都往“素质”的篮子里丢。坚毅成了两个篮子里都有的菜。难得找到一个两种教育文化都能接受的品格，是可喜的事。

美国的正能量教育

以上描述，均希望学习者在思维、情绪、压力和耐力等方面，消除负面影响，增加正能量。关于学习态度，我们不能只想到态度不端正这个模棱两可的概念。我们需要一套新的语汇来理解学习者的心境。学习离不开这些品格上的要素。学习者需要积极心理学带来的暗示和牵引。我观察美国中小学教育已经有十来年了，亲眼看到美国学校在激发小孩积极心理上不遗余力。

比如我看到美国学校的“正能量标语”无处不在。这些年我在孩子教室里不知道看到多少励志的话。不少为老师自己所选，比较朴素而接地气，比如英文老师课堂上的：“你是你生命故事的作者。”另外我还看到：“你今天的选择，决定你明天的生命，所以总是做明智的选择。”“留意你的思想，它们会变成你的语言。留意你的语言，它们会变成你的行动。留意你的行动，它们会变成你的习惯。留意你的习惯，它们会变成你的性格。留意你的性格，它们会变成你的命运。”

我很少看到哪个教室或者学校中缺乏这种无处不在的激励信息。

有的学校以《高效能人士的七个习惯》为材料，帮助小孩形成良好的思维习惯。我儿子初到得克萨斯州后上的小学，是推广“我是领导者”（Leader in Me）项目的样板学校。一进校就看到到处都是“我是领导者”的宣传海报。甚至学校里的道路都是以《高效能人士的七个习惯》里的七个习惯命名。

“我是领导者”项目由教育者发起，旨在以《高效能人士的七个习惯》中所说的自我领导力为依据，培养儿童能自我领导的习惯。“领导”一词让人想到的多半是上级和下级的关系，但是根据《高效能人士的七个习惯》的说法，它既包括健康的人际关系，也包括积极的思维和自我管理习惯。比如这七个习惯分别是：

习惯一：积极主动——个人愿景的原则

习惯二：以终为始——自我领导的原则

习惯三：要事第一——自我管理的原则

习惯四：双赢思维——人际领导的原则

习惯五：知彼知己——同理心交流的原则

习惯六：统合综效——创造性合作的原则

习惯七：不断更新——平衡的自我更新的原则[①]

记得在国内，《高效能人士的七个习惯》是公司经理人培训的热门课程，一般来说，经理人会接受两三天的短训，学习这七个习惯。

---

① 目录和翻译参考史蒂芬・柯维著，高新勇、王亦兵、葛雪蕾译，《高效能人士的七个习惯》，中国青年出版社 2011 年版。

当然，这样的培训，能让习惯了低效思维方式（比如与人冲突时的零和思维）的人眼睛一亮，但是成年人换脑筋更难一些。美国学校从小让孩子学习这些习惯，长远来看更有成效。

那么这七个习惯到底怎么学习的呢？学校把它写进了《学生手册》，另外，每个时期学生可能会去集中领悟一个主题，比如有段时期，老师会集中让学生学习如何“要事优先”，让孩子回家，列出自己做功课、玩游戏、帮助做家务、参加锻炼等不同事项，如何分别列出先后次序，好让一天下来，重要的事情不耽误，休息的时间不侵占。

还有一些改变体现在观念上。比如“积极主动”思维，相对的是“消极被动”，也就是被动地接受或者抵抗他人的指令和安排。国内学生的课程相对固定，老师引导过多，学生更容易陷入这种被动接受安排的局面。可是日后无论在单位还是家庭里，那种像磨子一样别人推一下自己转一下的人，都是不受人喜爱的。积极主动的思维，是要激发出每个人自己的“主观能动性”，学着给自己找目标。目标确定的时候，学着自己给自己找通往目标的不同路径。我觉得这一套教育，国内非常需要，尤其在农村地区。国内中产家庭，通过家长自己的接触，对这些积极思维有所了解，在家庭里也可以耳濡目染。而在有大量留守儿童的农村，孩子多由爷爷奶奶带大，衡量孩子是否优秀是看成绩好不好，听话不听话。孩子们的语言和行动没法得到合理塑造，而处在一种无助、等待他人安排的状态。如果教育者教他们凡事积极主动，学会打理自己的优先顺序，学会和他人“共赢”地相处，这会释放多大的能量啊？

还有一个办法，是经由阅读，激发积极正向思维。中国人常说，少不看水浒，老不读三国，是有一定道理的。比如老年人看三国，看到各种计谋算计，最终灰飞烟灭，未免进一步陷入颓唐。少年人不鼓励看水浒，是因少年血气方刚，唯恐受了水浒打打杀杀哥们义气而学坏。缺乏人生阅历，看一些过早看透人生的书，也打击青少年积极进取的锐气，消磨他们应有的朝气。

这不读那不读，到底该读什么呢？我们终归不能用反对什么来界定自己，而应找到各自的主心骨。我想应该让青少年多看一些能激励他们奋发向上的作品。美国青少年推荐读物中，不少是励志读物，比如我曾翻译的《布鲁克林有棵树》，就常被推荐。这本书就是一个逆境生长的绝佳范例。书中的弗兰西姐弟，生活在 20 世纪初的布鲁克林，家境贫寒，但是弗兰西和母亲不甘成为处境的奴隶，而是奋力拼搏，实现成长。这年头你可以坐在那里感叹“富二代”、“贫二代”之间的鸿沟，感叹社会不公，以它为借口陷入苦闷和无为。也可以奋发向上，有所作为，找办法改变自己的处境。这都是成长阶段个人的选择。

我还看到，我女儿的老师，安排他们阅读本·卡森（Ben Carson）医生的传记。这时卡森还没有作为共和党人参选总统，也没有进入特朗普内阁。卡森医生在贫寒的非裔美国人家庭长大。和他处境类似的不少人，抱怨无处不在的种族主义，将一切失败归因于外部因素，始终无所作为。卡森逆境生长，成为一流的脑科医生。他的传记和根据该传记改编的电影，激励了很多年轻学生，尤其是在有大量非裔美国学生的学校。

这样的小说或名家传记，以丰满的细节，将一个人摆脱消极负面思维，借助积极思维自我提升的态度和策略，形象地带给学生，让学生在受到激励的同时，也能在文学欣赏上有所长进。它们也打开了学生的眼界，让他们看到：不要以为就你遇到了问题和困难，就你的关过不去。放眼大千世界，谁的人生没有坎坷？谁的处境没有艰难？人在面对各自独特问题的时候，心态和方法上的差别，导致了人生成效的千差万别。思维积极的人总可自我拯救，自我提升。如果总是消极抱怨，怨天怨地怨爹娘，怨小环境大环境，都对自己没好处，他人也厌烦。

曾经有不少教师和家长跟我诉苦，说学生或孩子学习习惯差，学习态度不积极，“恨铁不成钢”。我想，一个关键问题是我们缺乏一套基于现代心理学的话语体系，去重新发现我们激励学生的策略。上文所谓“正能量”思维和策略，都来自“积极心理学”。在过去，心理学多侧重于人的心理疾病，和变态或反常态行为，多侧重遏制负面因素。而巴甫洛夫式用刺激 - 反馈来矫正行为，忽略了人大脑和内心的因素。在教育上，积极心理学侧重于常态范围内学生的内心，把态度和思维习惯，视为可变的因素，而不是无法撼动的死铁板一块。

二流的教育诉诸人性中负面的一些东西，比如人的内疚、自责、自卑。诸多感恩教育和心灵鸡汤，正是利用这些心理。而一流的教育，诉诸人性中良善的东西，例如人的内在激励、目标感、归属感等。积极思维的养成，和其他很多习惯一样，需要不断练习，持续长进。爱尔兰诗人叶芝有句名言：“教育不是装满篮子，而是点燃火焰。”当今教育的沉疴，是教育界只顾知识灌输，忽略心灵健康。我这里说的积极正面的思维，是点燃叶芝所言的心灵火焰的一个部分。我觉得教育界有道义责任，去做这样点燃积极思维之火的“纵火犯”。

第四章

开展高效练习

"记忆是一切智慧的母亲。"

——古希腊悲剧诗人埃斯库罗斯

引言

在关于学习的中文话语体系里，勤学苦练的说法俯拾皆是。“吃得苦中苦，方为人上人。”“头悬梁，锥刺股。”“只要功夫深，铁杵磨成针。”“书山有路勤为径，学海无涯苦作舟。”可是我们的语汇也没有超出吃苦两个字。高三复习的学生，吃苦的是大多数，可是为什么结果差别那么大？到底什么样的练习是有效的呢？功到自然成是怎么回事呢？为什么花同样功夫，有的人进步快，有的人没有？在这一章里，我们将讨论几个和学习效率、效果有关的话题，包括：怎样花时间有效？怎样提高学生激励？怎样避免似懂非懂的认知幻觉？怎样提高练习的效果？可以利用什么工具成为更强有力的学习者？老师怎样开展学生不逃课的课堂教学？

靠谱地投入一万小时

我曾看到一幅漫画，男孩甲对乙说：“我教我们家小狗吹口哨了。”男孩乙说：“我怎么没听它吹过？”男孩甲说：“我说教了，没说它学会了啊。”教和学不是一回事。“教”不能有效地转化为“学”，教育者为之苦恼，学习者也感到头痛。一旦有新奇的“学习法”出来，则被社会热捧。以外语学习为例：我上高中时，扶忠汉先生的“双向式英语”学习法风靡一时，《光明日报》罕见地给了两个全版，刊登其演讲。再后来，李阳的“疯狂英语”学习法，在全国范围内再次引起英语学习热潮。其方法偏颇，屡被质疑，却长期生存。市面上这些“学习法”噱头都很足，但实际效果罕有证明。关于学习过程中的方法，别的人怎么说？

“一万小时”

专业才能的成长，和我们耗费的巨大的精力有关。我上学的时候，老师菲尔·杜蒂曾称：多年来，各种教学改进的奇技淫巧，效果都颇为可疑。唯有花在“任务上的时间”，才有很好收效。《异类》一书中，迈尔科姆·格莱德维尔（Malcolm Gladwell）指出，比尔·盖茨和莫扎特这些不同领域的所谓天才人士背后，都有过一万小时练习各自领域技能的功夫。一万小时的时间是让我们在选定内容上花足练习的时间。

这一万小时约等于在十年时间内，每周用将近 20 个小时练习相关技能。不花足时间浸泡在一项技能里，指望靠小聪明和一时发挥来突飞猛进，等于天方夜谭。在体育上，我看到这种“花时间”思维的大量运用。我儿子在学校学网球，平时上课是早上 8:35 左右开始，但是网球班每天要早上 7:30 到学校练习一个小时。老师还鼓励孩子们回家后继续去练，因此，有时候我还开车去附近的网球场，陪他去练。

这种练习和时间的耗费，效果看得见。在学区网球联赛上，我遇到同事谢莉斯。她女儿也在学网球，每次联赛都拿冠军。谢莉斯跟我解释说，她女儿每天放学都在门口自己对着墙练。没人打断的话，她会一直在那里练个没完。美国初高中其他选修课，如游泳、篮球、铜管乐队，也一样是要求学生早早起床去学校训练。由于要在附近大学的球赛上演出，铜管乐队的训练在一定时间内耗费时间更多。这些乐队的孩子早上 6:30 就必须到学校集体排练。这样大量投入的时间，对于任何技能的长进都不可或缺。

“两百万分钟”

花足了时间，用来学什么呢？如果是跑错方向，跑得越快，距离目标越远。在格莱德维尔之前，商人鲍勃·康普顿（Bob Compton）提出了“两百万分钟”一说，并拍摄了一部纪录片《两百万分钟》[①]，讲述美国、中国、印度三地高中生的生活和学习。纪录片让我们看到，高中阶段同样有大约两百万分钟时间，中印学生苦修包括数理化在内的各种课程，而美国学生不少时间在打橄榄球、参加各种俱乐部活动。他的纪录片触到了美国商界缺乏科学、技术、工程和数学[②]人才的痛点，也反映了美式教育焦虑。但其对比简单而偏颇。美国高中并不比中国轻松，只是大家学的内容和方法不一样。不过，康普顿说清了一个简单的道理：种瓜得瓜，种豆得豆。学习者在哪方面花时间，就会在哪方面得到成长。

数理化和“课外活动”之间，也不必要建立非此即彼的关联。我女儿上的是一理工科高中，她喜欢数理化，可是一样把大量时间花在音乐上，还参加了学区组建的乐队“革命弦乐”。该乐队每周三次排练，经常去社区举办各种演出，晚上回家还得练习当天的曲子，投入精力时间很多。这种活动她自己喜欢，对她个人团队精神、作息纪律、时间管理、社区服务的训练，好处数算不尽。参与这个乐队也给了她一个稳定的朋友圈子，乐队成员成了密友。平时排练、演出外，大家还约了一起看电影，到各家串门等。家长不必担心孩子在这些“花里胡哨”活动上花费时间过多。人生是放长线钓大鱼，一味抓学

---

① 该纪录片网址：https://www.2mminutes.com。

② Science, technology, engineering, mathematics，简称 STEM。后来有人建议加入艺术（arts），成为 STEAM。

习，只顾开发大脑，孩子们缺乏社会交往、团队合作等方面的锤炼，会缺乏发展后劲。

天才小时（genius hour）

一万小时也好，两百万分钟也好，花费了同样时间，不一定有同样成效。哪怕在中小学阶段，小孩如果哪一个方面出色，多半和兴趣有关。这听起来像是陈词滥调，但现实确实如此。苦学一时有收效，却可能昙花一现。乐在其中的学习，才可能延续终生。我女儿练小提琴，很少因为我们做家长的逼迫。恰恰相反，她如果练得太晚，我反而要打断，唯恐影响她自己休息。小时候她看书时间太长，我们甚至要她停住。后来她就上厕所时看。有次我打开洗手间柜子，还发现了她藏的书。前面说的谢莉斯的女儿、我们这里的网球女王，也是一样，一回家就练习，不需要人督促。是不是这些孩子都天生自觉？一开始，我们也曾督促，后来她自己喜爱上了。一旦外在激励转化成了内在激励，孩子就能进入自发自主学习的佳境，不再需要家长唠叨，老师督促。外在激励靠推靠拉，就好比老牛拉车。我们最终希望小孩内心里装了自己的引擎，能自己驱动着跑。现在很多家庭小孩子练琴练书法，需要家长逼迫。一开始这样可以理解，如果长期需要督促，肯定是内在积极性没有调动起来。长此以往效果堪忧。

如何调动孩子的内在激励或曰积极性？丹尼尔・平克（Daniel

Pink）在他的 TED 演讲中[①]，首次提出了后来被称为“天才小时”（genius hour）的做法。平克介绍，澳大利亚一家名叫 Atlassian 的软件公司，每年有几次跟其软件工程师说：“接下来的 24 个小时，去做你自己想做的事，只要它和你每天的工作无关，随便你要做什么都行。”谷歌公司也让其开发人员自由支配五分之一的时间，完成自己想做的任何事。谷歌一些著名产品，如谷歌邮箱，就是从这五分之一的自由时间中产生的。

“天才小时”的做法，引起了教育界的广泛关注，不过实践的人并不多。相对于企业而言，学校学时相对恒定，个别老师改不了。很多老师一共只有一小时时间给一个班上课，何曾有机会尝试“天才小时”？那么“天才小时”这个概念，对教育界有什么可供借鉴之处？

我想首先得搞懂“天才小时”产生效率的原因是什么。平克举的都是企业界产生创意的例子。创意的产生需要有足够的思维空间，让人不受拘束，但是又有明确的目标感。这一点学校不必也难以照搬，但学生回家之后，环境不像学校那样严谨，没有从一节课到下一节课的紧张过渡，这就给家长留出了发挥的空间。家长应使用天才小时的做法，培育孩子的积极性。在下文中，我们将介绍，提高学习积极性从哪里入手。

---

① 演讲请看 http://www.ted.com/talks/dan_pink_on_motivation/。本文引用来自此演讲中文台词。

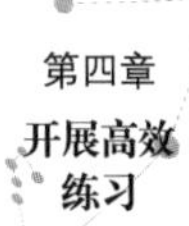

带着驱动力去练习

平克在后来所著的《驱动力》一书中，阐述了人产生内在激励的三大原因，那就是：自主权（autonomy）、掌握力（mastery）和使命感（purpose）。作为家长，我没有哪一天不在见证这三个激励因素的力量。

自主权是我们给孩子一定自由活动的时间，比如可以列出孩子一天必须完成的任务，而如何完成、依据什么次序，家长不必细致规定，给孩子支配的自由。家长还得给孩子留出自由活动和玩耍的时间，不能像机器一样安排到一分一秒。孩子也需要放松。我们不能对孩子和自己持双重标准：自己有空就玩手机，却让孩子铆足了劲回到家之后就学习，这么做会使他们倦怠。我们自己说一套做一套，讲道理也难让人信服。

掌握力是指对技能、知识、态度掌握精熟。孩子对技能有所掌握后产生的欣喜，是虚夸和浮夸难以达成的结果。女儿练琴入迷到要我来打断，是因为她尝到了技能掌握后的甜头：她参加学校、州和地区的比赛，取得好成绩。或是她的乐队参与演出，得到观众反馈。专心勤练才能产生掌握力，而掌握力会激励孩子专心勤练，这是良性循环。

使命感往大里说，是追问我们这一辈子想做什么？想成为什么样的人？这个大目标较为笼统，本书不多赘述。使命感也可以指未来的职业选择，毕竟职业决定了我们在什么领域发挥我们的影响。青少年阅历有限，茫然是常态，很快找到人生目标则为例外。家长出自个人喜好，把自己理解的目标加给孩子，有时候有用，有时候却起反作用。这方面好的坏的例子我都看到过。我这里的牙医一家四代都是牙医，没有去做其他职业的。我每次去他们诊所，对方问找谁，我说找埃斯特医生，工作人员都会问：你到底找哪位埃斯特医生？这一家人开的诊所是四世同堂、祖祖辈辈往下传，堪称一绝。牙医在美国生活稳定、体面，风险也不是太大，传承下去不难。其他一些职业，父辈从事的，子孙未必认同，这种时候家长不能强求，而要创造条件，让孩子找到自己的目标。找目标是不断缩小选择范围的过程，而合理发问有助于这个过程，例如：

- “我是一个内向者还是一个外向者？我是在人群中感受到能量，还是独处对我的发挥更有利？”内向和外向本身都没有坏处，但是一些内向的人长期从事频繁交往、无从独处的工作，会很痛苦的；反之亦然。
- “我目前在哪方面有天赋？如果我拿加德纳多重智能说来衡量自己的话，我最出色的智能在哪里？”
- “我最敬佩的人是谁？他（她）所做的事情为什么让我心潮澎

湃？我能不能做和他（她）同样的事？”

- “我最反感的人是谁？为什么我会反感他（她）所做的事？”

不过使命感并非一成不变。上述内向者，被迫从事外向型的工作，有的找到了调剂的办法，也能做得出色。随着阅历增长，我们对于职业和人生目标的看法也会改变，关键得保持开放心态。我自己本来学的是英美文学，打算做翻译，谁知阴差阳错，后来进入了课程设计这个过去都未曾听说过的行业，也没有什么不适。如冯骥才笔下的《神鞭》里展现的那样，相关技能可在不同领域间平移。学了英语，我喜欢翻译。做课程设计对我来说也是一种翻译：把一种模式的教育，如传统课堂的教学，“翻译”成另外一种模式，如网络教学。

师父领进门，修行靠个人，以后大家都得成为终身学习者。好的学习者，必须自觉、自愿、自主去学习，逐步依靠自身动力，而非他人推力。我们的艺术史老师在课程大纲里写道：“这门课三个学分，学费 2850 美元，我们要上 45 次课，每次课市值 63 美元，按照每堂课 50 分钟计，每分钟 1.26 美元……我将尽我最大努力，让你每节课的 63 美元物有所值。如果因为我的原因课程取消，我会用电子方式增加补充材料，或通过网络来教。”培养学生这种动力，让其对学习负责，也是教学的根本性任务。

学习者还要找到合适挑战，不要高估也不要低估自己的学习能力。美国著名的精英高中圣保罗中学的学生要读笛卡尔的《第一哲学沉思集》、休谟的《人类理解研究》、斯宾诺莎的《伦理学》、康德的《道德的形而上学基础》、密尔的《论自由》、尼采的《论道德的谱系》。选修课包括“当代爱尔兰文学和历史”、“夏娃之女：宗教中的女性经历”“漫画小说的崛起”等。上课时学生探讨包括“什么是爱？”“什么是美德？”“宗教是如何改变世界的？”“什么是他者？”“什么是神话？”之类的宏大问题[①]。在求知上“九天揽月”的志向，也是成为高效学习者的一项保证。感觉容易顺手才有成就感的人需要担心，若长期缺乏挑战，得不到成长，最终会被社会淘汰。

综上所述，我觉得有效的练习，是在选定的领域，花足时间且带着强烈的内在激励、自觉自愿学习。

---

① 详见西莫斯·可汗著，蔡寒韫译，《特权：圣保罗中学精英教育的幕后》，华东师范大学出版社 2016 年版。

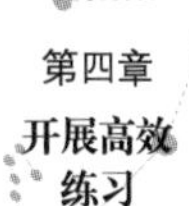

避开认知幻觉

不是所有的“发奋”都有收效。有的书我们读了百遍但仍似懂非懂。一些学生为了熟悉书中内容，重复阅读，《粘得住的学习》（*Make it stick*）一书认为，划线、重读这些学习方法效果最差。可是为什么人们会重复阅读呢？重复阅读会造成一种假象，让我们误以为学习内容已经了解，但实际上并未掌握。作者区分了“知道的幻觉”（illusions of knowing）和实际上的理解。很多人学一样东西，会像“鬼打墙”一样原地转圈。其原因之一，是一些学习者没有把概念或者技能真正掌握，而因先前的接触，误以为知道，思维不知不觉封闭起来，大脑无法再去吸收，下回遇到还是不懂，还得从头再来。

知道的幻觉是学习路上的一只巨大的拦路虎。不把它干掉，我们无从走前方的路。记忆本身产生的误差甚至错误，值得学习者警惕。几位美国学者于1998年发表的一份重要研究报告发现，美国40起冤假错案（无辜者被控告，后经DNA测试证明清白）中，有36起是因证人错误指认所致。在中国，著名的佘祥林杀妻冤案，也是因为证人自圆其说所致。

为什么办案人员也信了这些说法？人总是在渴求有头有尾、前后连贯、自圆其说的故事。这种渴求很危险，它让我们忽略现实中其他可能。要是有人暗示某人是个小偷，你一定会越看越像，这也是“智子疑邻”故事给我们的一个启迪：

“宋有富人，天雨墙坏。其子曰：“不筑，必将有盗。”其邻人之父亦云。暮而果大亡其财，其家甚智其子，而疑邻人之父。”

——《韩非子・说难》

由于对自己儿子和邻居的不同感情，同样的描述，在“富人”心目中就产生完全不同的印象。

人的记忆并不可靠。一些干扰因素更是让其扭曲。澳大利亚心理学家唐纳德・汤普森（Donald M. Thompson）险些成为这种扭曲记忆的受害人。有一次悉尼一个女人在家里被人强奸，后去警局描述犯罪嫌疑人，警方根据她的描述，后来抓住了唐纳德・汤普森。幸亏案发时唐纳德・汤普森正在一电视台做直播，有完美的“不在场证据”。可是这女子为什么会指认唐纳德・汤普森呢？因为案发前她正在看唐纳德・汤普森的节目，并无外出。

这些大案常进入我们的视线。记忆的扭曲和自圆其说，对我们平日的生活也颇多影响，包括我所关注的学习领域。布朗等人在书总结了一些原因：

认知幻觉（perceptual illusion）：亦即我们的观察“看走眼”，这可能是我们注意力分散，也可能是受过去经历的影响，这让我们不能客观地观察到事实的情况。

记忆扭曲（distortions of memory）：出于情感创伤，他人的说辞，我们对于事件的记忆发生变化，甚至黑白颠倒。

想像膨胀（imagination inflation）：起初自己纯粹想像的情况，因缺少质疑，后来被我们接受为真实的情况。

渴求说法（hunger for narrative）：我们对自己不能了解的情况，力求找到合理解释，以终结猜测。

趋同结论（congenial conclusions）：接受和自己的解释比较吻合的结论，对于不符合此模式的新问题，我们会选择性忽略。

忽略模糊（resolve ambiguity）：在观察和记忆的事件中强加顺序，排列组合成我们能理解的模式。

接受暗示（accept suggestions）：接受他人一些说法的误导，误以为这和自己所应对的情况有关。

遭遇干扰（interference）：在原始事件和结论之间，我们遇到了新的信息（哪怕无关），也会在信息和结论之间建立关联。

这些记忆和观察的错觉，影响我们日常生活中的种种判断。说到底，要想解决这样的扭曲，我们必须尽量避开来自本能的判断。我们常听到对于“直觉”的追捧，事实上直觉是不可以作为证据的，不管在我们自己看来是何等可靠。更应该追求的，是理性的分析，证据的采集和判断。后者更需要时间和耐心，得延缓判断，不匆忙追求在我们大脑中的"结案"，或是限定自己找到特定的证据再作判断。为了避免自己的记忆或者认知错误，我们也有必要参考第三方意见。有的时候开会，我发现，聪明的主持人为了避免大家意见趋同，而忽略关键视角，甚至会指派人提出"恶魔代言人"的意见。

在学习上，这种错觉和扭曲，体现在我们"流利的幻觉"上，比如我们可能看了某材料很多遍，觉得看熟了，甚至倒背如流。但是这种熟悉，未必可以换算为深入的了解。这就是为什么世间会有一些"白痴天才"的缘故。他们可以熟悉一种材料，但这种熟悉来自于行为主义所说的那种刺激 - 反应。一些学习内容，我们误以为自己记住了，熟悉了，其实可能谬误丛生，扭曲变形，我们根本没有学进去。就好比我们对于一个罪犯，自以为形成了一定认识，能够指认，其实只不过是大脑给我们的幻觉而已。

如何解决这个问题？

第一，应使用客观的衡量手段，不单纯依据自己的直觉和他人的一面之词。在刑侦学中，DNA 测试等手段的使用，客观上减少了错误的可能。在学习上，我的建议是让老师常用测验，包括自测。一些我们觉得熟悉的话题，测试后才发现没彻底明白。测验提供的反馈，能给"熟悉的错觉"纠偏。这种测试，应该是累加式的。我们可能一次测验做对了，这会强化我们的熟悉错觉，但如果没有真正掌握，下一次还可能不对。如果测验题不断滚动，我们可能会不止一次接触到同样或同类的题目，就可能产生更为深刻的认识。同伴学习也是一个好办法，几个人一起，假如都能排除成见的干扰，能开诚布公地合作解决一个问题，学习一个话题，我们就可能会彼此纠偏。

第二，应对过度自信造成的认知幻觉。教育测试服务机构（Educational Testing Service）的布里吉德·芬恩（Bridgid Finn）和得克萨斯基督教大学心理系莎拉·图波尔（Sarah Tauber）称，过度自信容易造成熟练的幻觉。这种过度自信，有时候来自学生自己，有时候可能是讲师夸夸其谈，讲座非常精彩，让学生迷迷糊糊觉得自己“干货满满”，大有收获，而实际上离开课堂后或许并无所获。解决的办法之一，是提高学习内容的难度，增加的难度会让学生从被催眠般的学习状态中一下惊醒过来，从而更为在意地去学习。有时候还可以在测试结果公布之前，让学生估测自己的得分，借助最终公布的结果，让学生知道自己的认知和实际结果之间的差距，这也会激活学生反省自己学习过程的元认知能力。此举可让过度自信的学生在认知上合理归位，同样也能帮助不自信的学生调整自我认知。

第三，自我解释。《小教学》（*Small Teaching*）一书介绍了一个打破认知幻觉的很好的技巧，那就是“自我解释”。作者一开始给出的案例，是自己孩子学习驾驶的事后，要求其边开车边说出自己每一个行动和相关考虑。“我现在要转弯了，应该打右转灯。”“对面又车开过来，我在减速。”“我要换道了，我在看后视镜，再看右边的镜子，然后快速扭头看视角盲区有无车辆。”这种技巧，现在在驾驶培训中被广泛使用。当学员这样“大声思考”的时候，边上的培训者能更精准地了解学员认识中可能存在的错误或者盲点，及时给出纠正。同时也可以鼓励对方做得对做得好的地方。在文化课学习中，大声思考的方法，也可广泛使用。在英语教学中，郭纯洁教授提倡使用“有声思维法”提高学习效率，有兴趣的朋友可以看看他的《有声思维法》一著。

第四，录播回放。另外一种自我观察的方法，是通过视频或者音频方式，录下自己学习的过程，然后回放。多年前，我在一家公司做翻译的时候，公司曾对我们进行演讲培训。培训的老师就逐个录下我们每个人的演讲片段，让我们回头自己看自己点评。当然，自己看自己的演讲，总是非常别扭的。我一开始甚至没有勇气去看，不过后来发现也没有必要这么在乎，我觉得难堪的，在他人眼中未必如此。就这样，我们一个个开始直面“淋漓的现实”，看着自己的视频回放，认识自己演讲或者演示中存在的问题。现在，作为课程设计师，我极力鼓励老师和学生使用一种“视频录播”（screenasting）的教学方法。视频录播，是在屏幕上讲解某个概念、程序、方法、图片、录像的时候，同时将自己所讲的一切录下来。事后来看，会察觉到自己解释中存在的思维误区。老师将视频录播分享给学生，学生将视频录播分享给老师，也能够极为便利地呈现出专家和新人之间的思维差异，从而让学生更好更快地学习。

所有这些打破认知幻觉的做法，也都是训练学生更为蓄意地识别自己学习中存在的不足，这会使得学习的内容更为模块化，甚至颗粒化。使得存在问题的区域，能够尽快被发现，问题尽快被解决，而不至影响整个学习的进程。这样的自我反省和学习认知，也是可让人终身受用的技能。

提高练习效率

学习中练习的效率确有高低之分，而方法上的差别是产生这种区别的关键。反复阅读同样内容的材料，划线，学生都很喜欢，但研究者认为，这其实是低效学习方法。教育和心理学研究对高效学习方法已有大量实证研究。这些研究在美国传播得极快。原因之一，是《时代周刊》、美国公共广播电台等大众传媒，时常会刊载这些研究成果。也有一些人，如安妮·保罗·墨菲（Annie Paul Murphy）[①]，常会梳理此类研究，并用通俗易懂的方式介绍给大众。经过这些介绍，一些研究四处传播，并转化为教育运用。我不大相信缺乏内容的抽象技艺，所以不妨以外国学生经常要面对的英语单词记忆为例，谈谈什么样的练习最为有效。

汉语词汇的构成，倚重组合，依据单字、词语的排列组合，表达新的概念。新概念中总会包含旧有的、熟悉的元素。英文等字母文字也有词根词缀，但可供依据的旧有元素有限。作为一门开放的语言，

① 其网站是 http://anniemurphypaul.com/。

英语词源众多，一个会多门语言（尤其是懂希腊语、拉丁语）的人自然会融会贯通，举一反三，但这种人也不是本文的阅读对象。对普通人来说，英语词汇的来源和构成方式防不胜防。每出现一个新的概念，就会产生一个新的单词。这样下来，英文词汇量很大。英文词汇量将近百万，是德语、法语的五到十倍。

词汇量大小直接影响阅读、写作和沟通能力。词汇量大小会造成“输在起跑线”上的情形：即便在幼儿园，词汇量大的儿童在学习上、行为上一般都会有更好的表现。对于成人来说，词汇量大，描述精确，语言丰富，有助于在其他领域的发展。如今大部分白领工作，都需要良好的口头和书面表达能力。

可是背单词也真不是死记硬背的事。我这些年关心学习策略，对这个话题格外留了些心，不如将我观察或了解的情况分享如下。

增加接触机会。大家不要以为只有国内学英语才背单词。在美国，小孩学英语也照样背单词。这个功课将持续一生。我们孩子很小的时候，老师就有“词汇墙”的做法：把新词贴墙上，让小孩回家记，回头有单词测验。这种把单词贴得教室里到处都是的做法，也有人称为词汇潮[①]，旨在增加学习者接触、浸泡的机会。

词汇量扩大要用心。词汇量扩大不能靠“捡”。我们以为学语言靠的是环境。到了语言环境里，语言不必用心去记，周围到处都是，“捡”起来就是。这个说法的荒谬，约等于说股市里钱有的是，一进

① 原文为 flooding vocabulary。

交易所就会发财。有国内学者从未出国，但词汇量极大，语言也非常优雅，这都是学出来的。相反，不少人到美国多年，语言却没有多大进步，就是以为浸泡能泡出名堂来——那得看泡的是顽石还是海绵了。练习过程中，不能有口无心，而要把用心、蓄意、专注放在首要位置。

阅读和词汇相辅相成。常有人在讨论，要不要通过阅读方法扩大词汇量。有人认为这能造成深层记忆，有人则认为方法低效。我觉得二者应该并驾齐驱。单词的积累和阅读量之间存在马太效应，亦即《马太福音》第 25 章第 29 节（和合本圣经）中说的“凡有的，还要加给他，叫他有余；凡没有的，连他所有的也要夺去”。阅读量越大，词汇量越大；词汇量越大，能阅读的材料就越多。外语就这样被你征服。相反，词汇量小，能看的材料就少；能看的材料少，接触新词的机会就更少。外语就这样把你征服。换言之，学得越多，学力越强。原地打滚，只会逐渐萎缩。

选择合适的阅读材料。阅读材料应该稍微超越自己的水平，但是不要超出太多。这个度不好掌握。一个检验的标准，是我们感到受到了挑战，但是不至于失去阅读本身的乐趣。太容易或是太难，都会伤害学习动力。如果我们常常阅读针对大众的微信公众号文章，词汇量是涨不起来的。到了一定阶段，要想词汇继续扩展，必须阅读《时代周刊》、《纽约时报》等材料。这些媒体在词汇的收集和应用上创新不断。当然，如果水平不够，也可接触《读者文摘》之类英文刊物。如果这些都不易获得，可以选择其他程度合适的材料。如今学习资源丰盛，材料不是问题。态度才是问题，切忌懒惰、厌学、畏惧或是过于冒进等。

不要太依赖听说法扩大词汇量。过去三十年来，我觉得中国英语学习走过的一大弯路，是过于依赖听说教学的方法，以避免“哑巴英语”。口语中使用的词汇，通常远远低于阅读和写作中使用的词汇。在写作中，人们有机会深思熟虑地选择自己的用词，用错的，还有一个编辑、修改的过程。为了阅读体验的丰富，写作者也会用不同词汇表达同样的概念。在阅读中，遇到新词我们也可以停下来查一查。词汇量的学习有助于阅读和写作的教学，反之亦然，重视阅读和写作，也能够帮助词汇量的扩大。

翻译方法可适度使用。适度使用翻译方法，可以增强词汇的准确性，也有助于词汇量扩大。但是如果使用过量，以翻译方法为主，忽略记忆练习，对于词汇量扩大作用有限。以我的经验，其好处是能深入了解词语内涵、外延和用法。不过有些单词只接触一次，查过翻过然后就错过，还是需要蓄意去记忆。除了回顾之外，对某些单词的反刍，也有助于记忆。我通过翻译记住一些表述，大多是翻完之后，根据它们写过一些“豆腐块”文章。我在《英语：恶作剧抑或真理》一书中记录的一些表述，如“ward heeler”①，后来怎么也忘记不了。毕竟在写这些小文章时曾反复把玩。

混个脸熟不管用，回顾才能记牢。巴克罗夫所做的试验中，以西

① 政治竞选中帮某个党派候选人拉票、跑腿的基层人员和义工。

班牙语为母语的英语学习者被要求学习新的英文单词。生词分别在阅读中出现三次，在实验组的学习材料中，生词第一次出现时，标出了译文。而在对照组，三次出现时，每一次都标出了译文，结果实验组的词汇量扩大比对照组高 51%。换言之，简单重复的混个脸熟是行不通的。适度的回顾[①]对于词汇量帮助更大。如果看到“面熟”的单词，应该逼迫自己去回忆一下再去查，这样能帮助记忆。查阅后不要丢掉，利用小本子或是网上词汇本，随手记录下来，回头去温习一下，也有助于记忆。需要注意的是，阅读中频繁查词，会影响阅读快感和进度，因此必须选择合适难度的阅读材料，太难或太简单，都会打破阅读和记词的平衡。

重复着记，间隔着记，穿插着记。最为高效的练习，是间隔的（spaced）、插花的（interleaved）、重复的（repeated）、多样的（varied）。间隔，是指同样的操练，可以在时间上错开，不全挤在一起。比如一天背诵某些概念，可以分早上、晚上和睡觉前三次记忆，在忘却之前立刻再去复习，会比早上一次性去记忆效果更好，哪怕总的时间是一样的。

在间隔时间一致的情况下，将一批单词分类还是不分类，效果差别不大。复习的间隔时间比单词分类重要。将单词分成不同类别，“物以类聚”，表面上有道理，但这种记忆是不真实的：实践中单词不会像国庆阅兵一样，一个方阵一个方阵上，而是交叉出现。打乱了记

① Retrieval，也称 retrieval practice，包括一些用来“回顾”的自测、默写、复述等，实践中靠学习者记忆，而不使用查找和搜索。

更有效果。按同类内容集中记忆，对于短期记忆有效，却无法进入长期记忆，也使得学习过程枯燥乏味。外语学习中对同样习题反复操练，缺乏交叉和混合，会让读者在接触现实语言时措手不及。学生不必一下子把动词不定式学完，才进入到下一步学习。事实上学习的“循序渐进”是一个后浪推前浪的叠进过程，不是不同知识排队接受学习。不同内容的迂回出现，也增加了学习的多样性和趣味。

语言学习应用软件 Duolingo 的设计，就是将不同语言元素穿插着让学习者去记，而不是分门别类一组一组来。分类学是中国英语学习中的一个大忌，比如学完了一般现在时，尽善尽美了才学现在进行时。这属于同质练习（massed practice），效率低下。间隔学习加上回顾练习，效果好过同质练习，这也是被临床检验为有效的结论。宾夕法尼亚州一家康复中心，在针对四个中风后失语的病人所做的试验中，就用了间隔学习和回顾练习，结果均好于不使用这种策略的治疗。适度的时间间隔，有“重新激活”的效果，容易巩固记忆。但时间间隔过长，则不利于回顾效果。两者的平衡需要掌握。一天三次回顾同样内容，是合理的间隔，可是如果隔上一个星期，效果就差强人意了。

我希望上面对英语单词学习的举例，能启发其他学科和领域的学习者。上面的原则，我们不妨提炼一下：

1. 重复阅读和划重点作用有限。

2. 利用各种条件，增加内容学习机会。

3. 有意识地进行练习。

4. 学得越多，学力越强，一时小聪明行之不远。
5. 避免同类内容放一起学。
6. 练习需要间隔、插花、重复、多样，趋近现实中技能的实际呈现情形。
7. 回顾练习（包括小测验、默写、写日志等）改进学习效果。
8. 练习太难或太容易的内容，都有反效果，需要找到适中的难度。

技术助力学习

说到技术，教育界常想到它对学习的干扰。学生上课刷微信、玩游戏、打瞌睡，教师深感头痛。而今智能手机普及，无线网寻常，带着技术学习的现实无可逆转。我们没必要做反机器的“卢德主义者”，一味抗拒，不如因势利导，化敌为友。在教与学当中，对技术我们是忍着受着，还是学着用着，这态度的分歧会带来结果的差别。学习者不要视技术为娱乐的工具，也可用它来提高学习、工作和生活效率。如下我给大家略介绍几种我自己工作和学习中常用的技术，给大家做个参考。因工作需要，我平时多用美国相关技术工具。国内一般也有类似工具或平台，若是知道，我顺道介绍一些。倘若没有，创业界人士看好了，这可是大显身手的机会。

云笔记：在网络上看到有益的页面，人们常顺手加到浏览器收藏夹中。这么做不利的地方，是过于依赖单机。没带电脑的时候，又得重新查找，无端浪费精力和时间。云计算使得很多这类工具的使用，不再依赖某台电脑、某个手机，而是在任何地方都可以调阅。1990 年代中期即开始广泛使用的云书签工具（又名社交书签），或许因缺乏获利模式，在国内从未红火起来。但这些工具非常有益，能让我们随时随地收集资源，通过标签的方式整理。在任何时候，我们进入自己的账户，就可以看到在不同设备上记录下来的书签。每一个标签有单独的网址，也容易与人分享。

另外一个好的做法，是我们记笔记的时候尽量做云笔记。如果可能，我买书的时候多选择电子书，然后通过 Kindle 应用，在装有 Kindle 阅读器的不同设备上读。这么做的好处，是读书时自己的标注、笔记，可随时在任何设备上查阅。豆瓣阅读现在也有类似功能。

印象笔记（Evernote）是另外一款云笔记应用。在浏览器上添加 Evernote 插件后，我们可随时对网上阅读的材料截图、标注、摘录。这样的笔记，能让我们回顾阅读中迅速找到有所感触的地方，如果需要写读书笔记或利用电子书做文献来源，我们也能方便地找到具体的引用来源。下图是我用 Kindle 看书的时候划线生成的笔记，这让我在写书评时，容易查找到自己有所感触的内容，如果上下文不清楚，我也能轻易回去查找。

文献应用：到美国学习的人，可能会因对 APA、MLA、Chicago、IEEE 等文献引用格式不熟，在学术写作上晕头转向。我很早开始用文献整理软件 EndNote 整理自己的文献。不过 EndNote 费用不菲，后来我使用开源的 Zotero，效果也不错。读书的时候，顺手就可以从图书馆数据库等地将资料导入到 Zotero 中，或是利用用 ISBN 号码，生成图书文献条目。在写作当中，可随时调出相关文献，以正确的格式

图 4.1　Kindle 图书的云笔记

插入文章当中，给写作带来极大的便利。这也是一个记笔记的好方法，Zotero 支持插入文献的笔记甚至全文的附件。Zotero 文件也会同步到我们的 Zotero 账户上去。这给我们节省了大量时间，也增加了文献格式的正确性。如下图所示，我在学一门课程的时候，会创建一个目录，录入这门课程常用的文献，然后每章的文献，我再创建子目录，这样每章我写小论文的时候，在文献的整理和引用上不费吹灰之力。日后忘了文献的具体内容，也不用费尽周章寻找，而是进入这个数据库，随时调阅。

思维导图：思维导图的使用，近来引起了不少关注。国内一些新兴教育企业，如少年商学院，甚至有专门课程教学员用“思

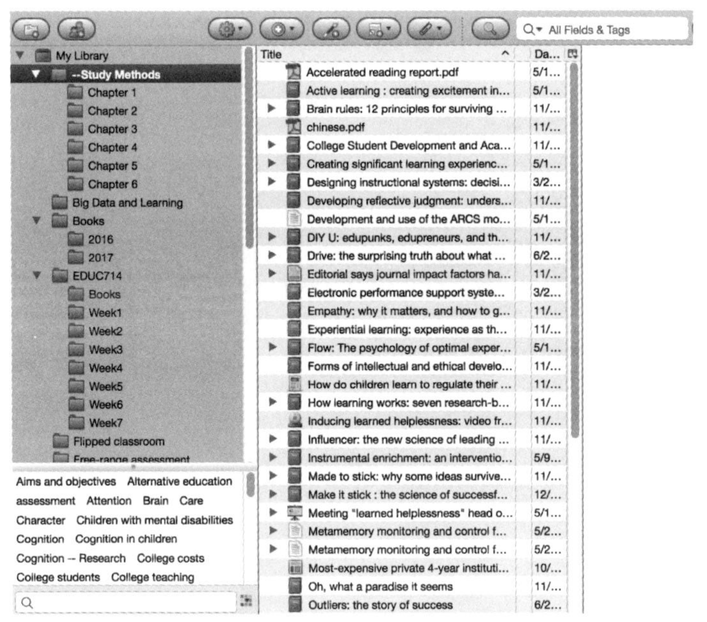

图 4.2　Zotero 的页面示例

维导图”。思维导图能形象地标出概念之间的层次和关联，应用很多，含头脑风暴、做笔记、制作演示文件等。我曾用过思维导图工具 Mindmanager。该软件功能强大，制作出来的思维导图可导出为网页或文件。大家也可使用一些免费的移动端思维导图工具，如 Mindmapper。利用这个导图形成的文件，可放可收，除了笔记、讨论外，也可在公众演讲时候用来替代 PowerPoint。PowerPoint 的演示是一张张电子幻灯片按序播放，容易将复杂现象简单化。思维导图比较动态、复合、多层级，更贴近思维的复杂性。思维导图上，我们可以从核心概念开始层层展开，也可只展示受众感兴趣的内容。比如下图是我在看远程教育书籍时所做的笔记：

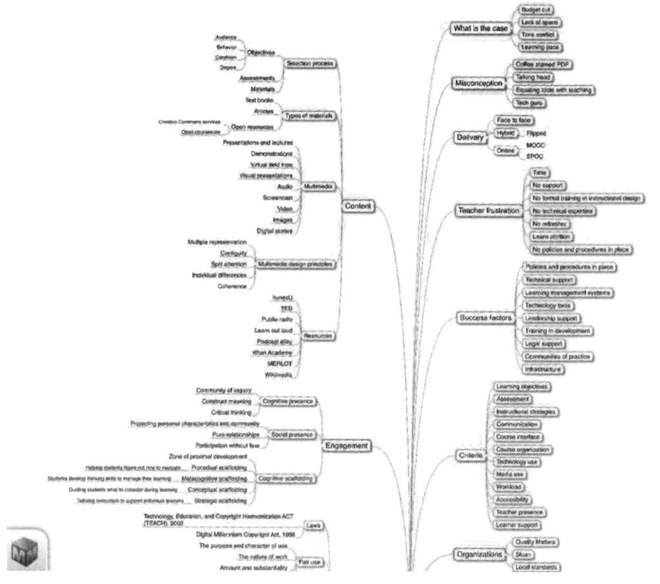

图 4.3　远程教育思维导图

说明：这个思维导图很大，截图只能看到局部，但是如果不需要呈现所有内容，可以按照层级收缩，只展开部分。

数字故事：在这个读图时代，学生应该掌握的一个技能，是讲述数字故事。数字故事，也称电子故事（digital storytelling）。和文章、测验一样，它是如今教学测评的手段之一，这一点我们以后继续描述。除了老师布置“数字故事”的作业之外，大家也可用数字故事整理个人陈述，发给招生学校或用人单位。不少商家，利用数字故事，介绍自己的组织、产品或理念。数字故事听来复杂，似乎学过导演和剪辑的人才可制作。实际上，越来越多的数字工具纯粹是“傻瓜型”。大家只要集齐相关图片，加上录音即可。制作得尽量专业当然最好，但从教学角度考虑，学习者不一定需要童自荣的嗓音、刘德华的容貌，才可以去录制。真实自然原生态的数字故事，更有利于学习。我比较喜欢的制作数字故事的简易工具有：

Shadow Puppet：该工具是一免费的移动应用，我们如果自己的移动设备上有几张照片或图片，就可以导入到 Shadow Puppet 里来，调整好顺序之后，就可进入下一步开始录音。录音的过程中我们可以往前翻页，根据图片一张张讲述完毕，一个小的视频就可以生成，还可以添加背景音乐。这个制作过程非常简单。

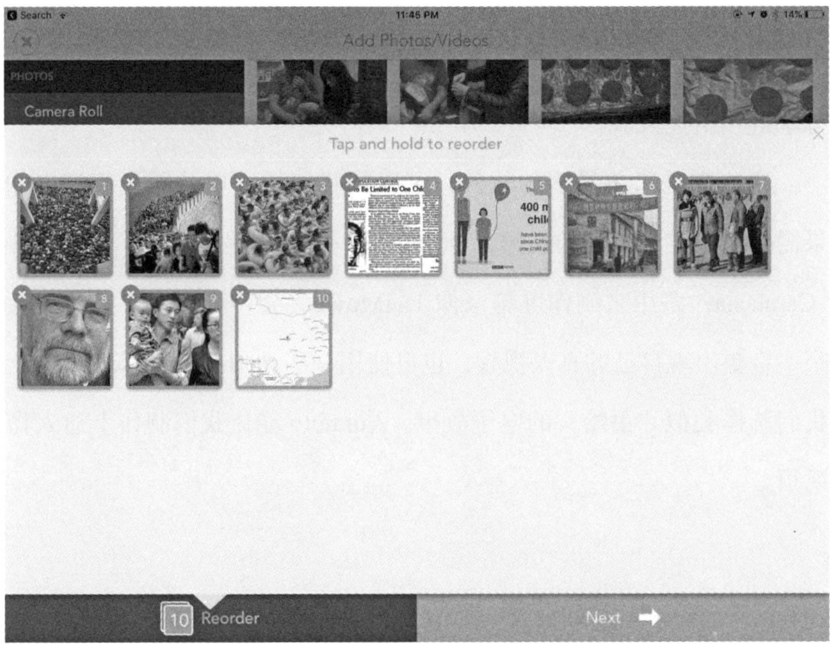

图 4.4　Shadow Puppet 的页面示例

说明：上图要做的数字故事是关于人口政策。根据自己要讲的故事，将图片收集起来，排列好，就可以按 Next 开始录音、讲述。

Spark Video：这是 Adobe 公司出品、与上述 Shadow Puppet 类似的一款应用。与 Shadow Puppet 相比，它的图片功能更强，可搜索创意共享的图片，Spark Video 会将这些搜索而来的创意共享图片的来源自动添加在视频末尾。录音的时候可以每张图片单独录制，错了随时可以修改其中一张，不需要全部推倒重来。它是一款云应用，在 iPad 上开始的录制项目，在电脑上登录后，可以接着录制、编辑。如下图所示，我们将一系列图片（可以是 PPT 文件导出来的图片格式）摆好，点击其中一张，就可以按录音键录音，非常好用。完成之后，即可导出为录像，放在自己的视频空间（如优酷、腾讯视频等）里与人分享，文件同时也会存储在 Spark Video 的云空间，可以分享链接给他人。

这些都是简单易用的软件，可以帮我们做简单的图片笔记。如果需要制作更为复杂的视频，可以使用一些视频编辑软件，如喀秋莎（Camtasia，多用来制作屏幕录像）、iMovie、会声会影等。有时候大家不希望出现自己的真人视频，也可使用一些动画：VideoScribe 能让我们制作类似“手绘”的电子故事。Animoto 能让我们制作卡通人物视频。

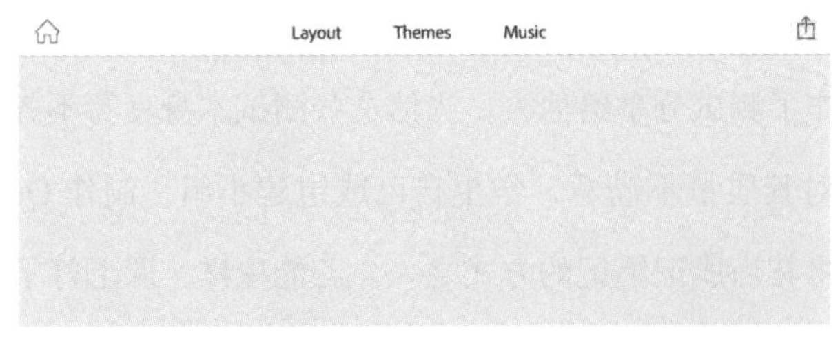

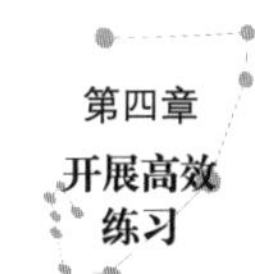

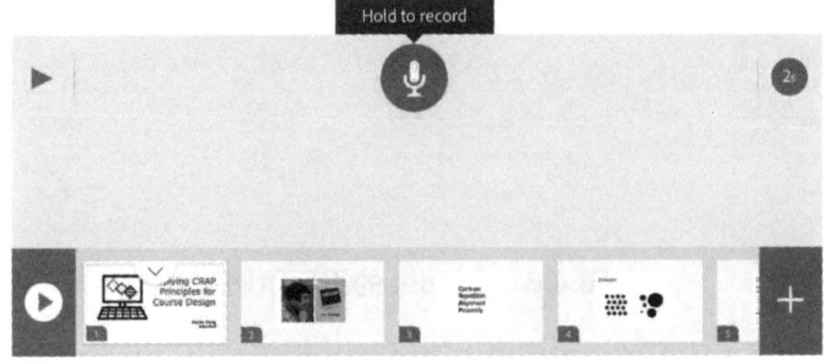

图 4.5　Spark Video 页面示例

说明：上面的每张图片，可单独录音，和其他图片互不影响。

学习应用：学生用来自测、练习用的应用包括 Brainscape, Quizlet 等。Brianscape 使用了本章我们所说说的一些学习策略，如回顾练习、间隔练习、插花练习。它让学生间隔记忆一些概念，该软件会根据用户掌握的熟悉程度，调整内容出现频率。Quizlet 是测试软件，学生可以自己制作学习内容的电子卡片，用测试、游戏的方式练习，巩固记忆成果。这些应用在美国使用非常广泛。有不少热心的学生自己制作了测试分享给他人。当然这些测试本身良莠不齐，需要甄别。如果对其质量不满意，学生自己或组建小组，制作 Quizlet 等电子卡片，将其当成记笔记的方式之一。若能这样，课上好了，笔记记完了，测试也生成了，后续可以自己去自测。

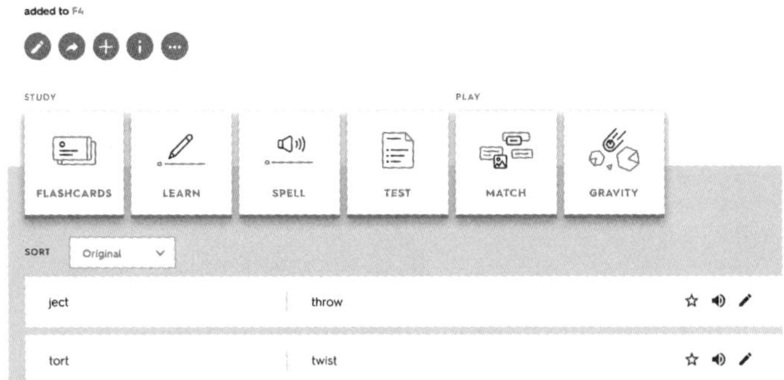

图 4.6　Quizlet 的页面示例

说明：上图为我儿子制作的关于词根的卡片。Quizlet 的一叠卡片生成之后，可以选择多种学习方式，如卡片翻阅（flashcards）、识记（learn）、拼写（spell）、测试（test）、配对（match），还有一些游戏学习模式，如陨星撞地球（gravity）等。

国内电子词典“海词”[①]有类似功能。学生查了新单词之后，可以记入单词本，回头再去不断复习，该软件还根据学习者的熟悉程度，调整学习的内容。

以上描述，仅为示例，难免挂一漏万。新的软件还会不断产生，

① 网址：http: //dict.cn。

或许不久会取代上述产品，而且多半比它们更好用。利用技术学习的时候，技术只是系统内的一个元素。当我们改变学习工具时，学习内容、学习方法也会改变。人和动物的重要区别之一，是人学着使用各种工具，延伸自己的能力。我也希望在这个技术泛在的年代，我们不以技术为洪水猛兽，而是在别人用它来打发时间的时候，我们用它来成长为学霸。

怎样应对学生逃课

《中国青年报》在一调查中发现，高校有学生在花钱请他人上课，尤其是公共课。网上甚至出现替课广告，称“全天候替课，对付各种刁钻老师，一节课20多元”。为什么高校逃课成风？这个问题涉及社会诚信、教师评估（比如评估中不重视教学）、教师责任、教学培训、公共课设置、学习者激励和自律等深层原因。从教学设计和学习策略角度考虑，我们会发现有些更为简便、操作性更高、且符合学习规律的具体办法。我本人的工作内容之一，是审查老师的课程大纲，并给出建议。这些大纲上面均有关于出勤和课堂参与的各种管理方法。这里从教师角度分享，但也希望对学习者有所启发。

说明纪律：不知者不为罪。先不定出规则，后来再惩罚学生，第一不公平，第二也增加学生的逆反。我们老师一般会在课程大纲中明确说明缺课或迟到早退对学习的影响。先小人后君子，在课程大纲中明确逃课的惩罚，双方都觉得有据可依。不过，学生确实有时候有实际原因需要缺课，老师出于教学人性化考虑，一般会给予一次豁免的机会，或者在期末的时候，扣掉一次或几次缺勤。这么一来，学生自已的借口也就少了。

增加参与：课程上出勤虽然算分，但是参与也算分，减少人在心不在的做法。有的老师甚至是出勤和参与一起考。我曾经帮助一位教授设计每次上课的测验题，其中五题跟课前阅读有关，每题一分。另外一道题是“百搭卡”题，问的是：今天的密码是多少？密码每次都更换，写在黑板上，题目则是随机排列顺序，不知道这一道题什么时候出现，学生难以将其外传。

限制讲义：如果老师用 PPT 当讲义，得注意它们的使用方式。不要课上放，课后挂在网上学生也能看。如果讲义上写的和课堂上讲的完全雷同，学生回头自己看就可以，上课的附加值在哪里？做 PPT 本身也是学问，凡是你在课堂上讲的，就不要在 PPT 上完全呈现。讲义如果覆盖了老师上课所讲的所有内容，学生课后可以看到，就没有必要来上课。我们在课程设计中往往会教老师在 PPT 中，只展现有助理解的视觉信息，而不是变成 PPT 版的文字讲稿，在课堂上照念，课后再发。

点名软件：美国学校也点名的。现在很多课程管理软件中带有点名功能。由于系统中学生基本都有照片，点名时很难假冒。另外有些点名功能还带有固定座位表，老师可以选择在课程开始设置好，学生自己选择固定座位，也可由老师安排。这样老师更容易叫上学生的名字，也增加了逃课难度——人不在座位是空的。我过去工作过的一个学校，还自己发明了一个点名软件。该手机软件上会显示所有学生的头像，软件让学生输入当日的密码，学生如果输对，图像会消失。水落石出后，剩下的就是逃课的学生。

认识学生：我所在的学校鼓励良好的师生关系。这关系最起码的一条，是相互认识。老师一般会在第一节课之前，就用带有照片的电子名册认学生名字，将脸和名字对上号。有的老师第二节课开始，就可以脱离花名册，叫出所有学生的名字。他们认为这是对学生的起码尊重。之所以出现替课现象，是因为国内大课老师根本不认识学生谁是谁。认识一下都不愿意，遑论教书育人？为认识学生，我们有的老师还在课程管理软件中设立“自我介绍”的讨论区，让学生自我介绍，提供各种相关信息，甚至个人八卦，这样能认识学生，增进对他们的了解。反过来看，学生对老师有所熟悉，知道他们的教学习惯和期望值，了解他们的研究，也能有助于学习其专长来丰富自己。

多用测试：国内很多大课只有一两个大考，临时复习一下就可以。美国高校测试频繁，任务繁重，缺课的学生输不起，不如“亲自”上课。出勤最有效的替代手段是测试。课程开始，老师会出一些小测验。我们老师一般让学生线上测试。学生做完标准化题目，系统自动批改完毕，整个过程只要五到十分钟。学生不但不能缺勤，迟到了都麻烦。这么做，老师鼓励了课前阅读，开展了测评，又自动完成了考勤，一举多得。或许有人会问，既然是网络测试，在宿舍里考不也可以吗？老师的对付办法是给考试加密，密码当堂宣布。由于考试限时，给其他同学通风报信，未必有时间完成自己的测试。另外，从学术诚信上考虑，替人上课违反政策，抓到双方都倒霉。学生的各种办法成本太高，是跟自己过不去。经常使用小测试，也是符合回顾学习和利用测试来促进学习的大原则。这一点我们下一章将另行描述。

转化规模：这包括大班化小——我们的学校将公共课分成小课。任课老师集体备课，教学内容和方法反复讨论之后，由不同老师分头去教。这样学校成本比较高，但是学习效果一般也会好得多。这么一来，学生滥竽充数的情形会少很多。这种规模的转化，也包括小课和大课的相互穿插。我们有一门新生全部要上的公共课，叫“基石”（Cornerstone，相当于“大学学习入门”），上课的做法，是分成不同小班，由不同老师上课。这些老师或邀请的外部专家组团，定期在礼堂上大课，上得像 TED 演讲一样。上完这种大礼堂课之后，学生再分散开，在一周余下的时间上小班课，老师围绕大课内容讨论、做作业。这样一来，一门课下来，完全是一个讲师团在轮流上，学生自然会喜欢，也害怕缺掉任何课。

翻转课堂：翻转课堂是将上课时老师做讲座、课后做作业的方法颠倒过来，把讲课的部分变成视频放在网上，学生爱看不看，到时候你能对付课堂参与即可。课堂上则开展积极学习。如果老师能组织学生开展各种积极学习，课堂讨论热烈，或在课堂上开展小组练习，或是开展其他一些让学生动起来的教学项目。老师的课堂要有意思，这可以使用很多方法，比如请客座讲授，同伴互改作业，学生也可以做各种演示，参与小组讨论等。有时候我们有的老师还带学生出去散散步，边走边讲，或是天气好的时候在草坪上上课，这变得有点像过去孔子、耶稣、苏格拉底的带弟子的方法了。

混合教学：老师有时候会把一些课程做成面对面教学和网络教

学的混合模式。比如每周本来三节课，老师可能两节课面对面上，一节课在网上上。这样可以增加学生的灵活度。在放假前后，少数外地学生需要出城，老师也可能临时将面对面课程变成网课。与之类似的一个做法，是将整个课程完成变成网络课程。网络课程会遵循不同的“出勤”逻辑。老师是可以直接查到学生进入系统的时间、频率等诸多信息的。这样就不用当堂点名了。这么做，也让学生的学习更灵活，比如一学期可以选择上三门传统课堂的课，一门可以自由支配时间的网课。学生有时候忙情有可原，比如有的学生要打工，或是有孩子要照顾，缺课未必都是个人品德问题，有时候确实需要些灵活时间安排。

当然，更为根本的办法，是将教学目的、测评方法、教学策略结合起来，提高学习的动力，改进教学的效果。只有这样，学生才不会像坐牢一样只顾熬时间，而是能不断提高。我的同事保罗·鲁根多夫教的是西班牙语，他说增加出勤只是一种时间思维，更为重要的是重视能力为本的学习（proficiency-based learning）。

上面所说的一些技巧或策略，是呼吁学校、老师去改变自己的课堂教学，减少逃课。如果学校和老师不改，学生是不是只能“坐以待毙”？学生的厌学情绪自身也存在大问题，未必都是学校和老师的错。中国大学严进宽出，不过上大学不是去疗养，如果上学只顾玩游戏、瞌睡、玩游戏，让学习退居其次，虚度光阴，到头来坑的还是自己。

第五章

以考试助力学习

"你衡量什么，就会得到什么。"

——管理学家罗伯特·卡普兰和戴维·诺顿

引言

“考考考，老师的法宝。分分分，学生的命根。”这句教育界的口头禅，说尽了测试的酸甜苦辣。测试是中国选拔人才的主要方式，可它让教育“四两鸭半斤嘴”，考试本身过于重要，让教育本末倒置，担负骂名。不过，测试做得好，能提供及时诊断、反馈，加强记忆和内化，有利于学习过程。关键是我们要对测试拨乱反正，让其成为手段而非目的，真正让它成为老师、学生的“法宝”。我们会讨论用形成性测评平衡终结式测评，用小考帮助大考等思路。我还会介绍一些新的测评方法和工具，如评分细则表。还有“项目式测评”是怎么回事？如何开展？最后，我们回到测试最大的“痛点”——高考上，讨论一下高考作文题和高考改革这些学生和家长都关注的问题。

给测试正名

这年头鼓励测试似乎也不合时宜，不过总得有人来说说测试的用处。美国曾实施过的“不让一个孩子掉队”法，就在教育界激起了对“应试”教育的强烈反弹。能否让良莠不齐的每个孩子都达到一样标准，只有通过考试来衡量，无形当中增加了考试的重要性。教育界不少人立刻表示，这是“为了考试而教育”。曾经有人提出，中国在学美国的“素质教育”，美国在学我们的“应试教育”。地球果真是平的。当然，在中国，应试问题更严重。高考作为升学选拔手段，反成基础教育心照不宣的终极目标，不亦悲哉。

测试成了教育中半斤嘴的四两鸭，让教育本末倒置，担负骂名，也不是多冤枉。任何教育者，如果仅重视学生考出好成绩，忽略其健康体魄和心灵，教育则有妨碍成长之嫌。一些大考，轻则对学生形成好坏的分层，重则影响人生道路。这种大考，也激发了不少短线迎考行为：老师所教，只须侧重学生短期记忆，让其挑灯夜战迎接下一步考试即可。所学内容能否进入长期记忆，很少有人关注。重大考试一旦结束，学生则把所学“还给”老师。这是多大浪费！

我想起自己求学过程：初三那年，我们开始学习化学。教化学的老师是劳模，每次考试，他的学生都在全区甚至全县名列前茅。这位老师也是严师。有一次上课，他向我们提问，一连问了五个人，都没有回答上来。老师脸色越来越难看，我心里直打小鼓，希望下一个别问我。倒霉的是，接下来问的是我。内容我本来就不熟，被他一吓，更是一问三不知。老师勃然大怒，把我轰出课堂，罚站在外。我站在学校的长廊，外面人来人往，有老师有同学，我恨不得有地缝钻。此后，我每天起早背诵化学概念。第一次期中考试，我成绩第一。重罚之下出勇夫，此后很长时间，我一直名列前茅。

我感谢这位老师的严格，他让我闯过了中考一关。但人生拉长了看，我则困惑这种方法是否奏效。当年的成绩帮我过关闯将，过了一次又一次考试。最近，女儿在学化学元素，让我帮她复习。我才发现，当年学的知识宛如人间蒸发。当年的学霸，成了而今的学渣，实在悲催。当年的学习内容，在我脑海里打水漂般一掠而过。当时兴许惊起一滩鸥鹭，很快又复归沉寂。这就是典型的补了短期记忆、却没进入长期记忆的现象。经此一事，我以后一直反对缺乏兴趣、目标和内在动力的苦学，反对基于威逼的学习方式。

为什么很多学习的内容不能深入我们的长期记忆？人的认知过程，基本上是下图描述的状态：

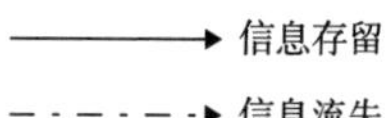

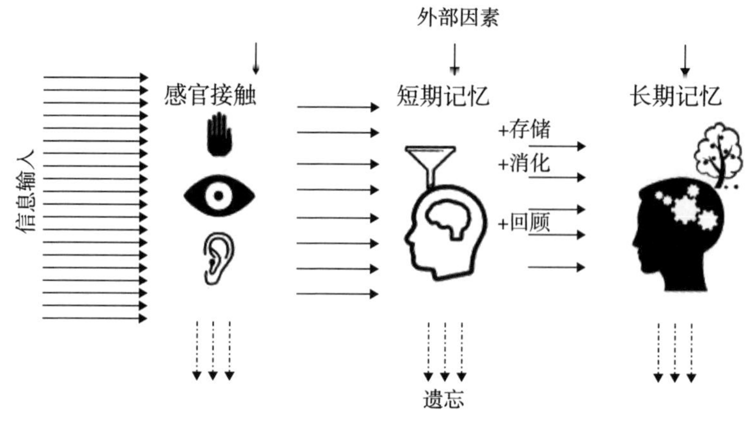

图 5.1　认知过程

简而言之，认知过程通常是这样的：我们通过倾听、观看、行动接触感官信息。这些信息部分被忽略、遗忘，余下进入短期记忆。短期记忆存留的信息，经蓄意存储、消化和回顾，部分进入长期记忆，余下的被遗忘。这递减的过程中，信息存留与遗忘在进行争霸战。不可控的外部因素，如周围太吵，对方的话听不清，感官接触过程中就出现信息的流失。不过，记忆大部分还是内部因素所致：人大脑对于信息的整理和处理方法，决定我们最终能记住多少。长期记忆，是多年后当初接触信息还有所存留。真正的学习，乃是我们在不考试之后，仍能随时从脑海中调集出要用的信息。这一过程中，测试担负重要角色。测试会堵塞我们的头脑里的漏洞，减少知识渗漏。越来越多的证据表明，如果测试经营得当，它本身可以提高学习效果。这听起来像是废话，不考试学习干什么？但这样的质疑有违学习的初衷。学习本来是用来改进技能、增长知识、改变态度的，考试本应为这一切服务。现实当中，我们倒常看到学习为了考试，本末倒置。

如果平时有频繁的小考，有助于学生及时了解自己学习的进度和难点。教师也可以根据学生在平时考试的结果，更细致、精确地了解学生的现状，从而及时调整自己的教学策略。出于对平时成绩的关注，和对地方老师的尊重，美国的大学入学，除了 SAT、ACT 这些标准化统一考试外，也看平时的平均成绩积分。

什么样的考试，能够提高学习成绩呢？下面我提出一些思路，供老师、家长和学生参考。

大考之间多小考

前文描述了我当年学的化学被忘得一干二净的惭愧经历。可是我学地理的情况则相反。女儿上的地理课有个考试，要学生指出非洲每一个国家的名字。她在家准备时，看着非洲地图晕头转向，或是看视频网站上其他学生分享个人化、但无实际意义的记忆法，比如这个国家模样像林肯。我告诉她，每个国家都有自己的故事，不只是形状而已。我随后给她说了些我知道的小小事实：

“这里是埃及，毗领地中海和红海，靠近以色列。《出埃及记》中的摩西带着以色列人过红海的故事，就发生在这里。这是摩洛哥，摩洛哥有不少柏柏尔人，他们的眼睛很深邃如火，我是在翻译《万灵节》中了解到的。阿尔及利亚离法国近，曾是法属殖民地，影片《阿尔及尔之战》中本地人反对殖民的故事让人过目难忘。这边是埃塞俄比亚，很穷的一个国家，但是靠近海边，我一同学在外交部工作，曾派驻这里。他好像老在海边国家，上一次去的是希腊。够幸运的！中非这里应为小说《河湾》的故事所在地。南非这边有个小国斯威士兰。记得上次朋友送我们的马卡达姆坚果油吗？卖油是为了给斯威士兰传教士创办的学校筹款。该学校学生种植、收获马卡达姆坚果来勤工俭学。马达加斯加该知道吧？同名动画片说的就是这里。坦桑尼亚这里，中国援助他们修了很多铁路。索马里海盗盛行，我最近还看了一部叫《怒海劫运》的电影，说的是丹麦船只被索马里海盗劫持的事……”我还可以接着讲《卢旺达饭店》、《卡萨布兰卡》《走出非洲》。

我未曾钻研过非洲，可是我有个习惯，如果有同事、同学来自非洲某个我知之甚少的国家，我会去查一查这个国家的概况。翻译中，遇到一些事实，按照字面翻译过来即完成任务。但出于好奇，我会去查一查。《万灵节》中有这么一段描述：“她生气了，这不难看出。眼里有火。黑皮肤。眼睛像他在摩洛哥露天剧场看过的几百双眼睛。柏柏尔人的眼睛。后来他才想起，这只是他的第一印象，却猜个正着。”我当时还搜索了柏柏尔人，看她们的神秘的“有火”的眼睛，到底是什么样子。这都是养兵千日，用兵一时。没想到在女儿学非洲地图时，能“如数家珍”地说出来。可人算不如天算。女儿问：“你哪有那么多时间看电影？”

看片、看书、译书，让我有了“低风险”的自主学习。一个中年爸爸想让一个叛逆期少年的孩子佩服谈何容易！等到女儿来“大考”，我的了解自己都吃惊。如果当初是用死记硬背方式背地图，说不定过几天会全忘到脑后。常年累月积累而成的阅历，带给我们曾经的触动和认知，叫人难以忘却。

上述看书、译书、看片、谈话都是低风险体验，为期过长。学生的阅历是长时间体验出来的，无法一蹴而就。那么怎样利用类似的思维，去加速学习呢？学生在大考之前，使用低风险测试（low-stake tests），就是把学习压力分摊到平时，降低负担，增加成效，使得高风险考试不再那么可怕。

高考、入职考试等，多为高风险考试（high-stake test），给人造成紧张和压力。如何应对？可以把测试分散在学习的过程当中，而不只是看一两次大考。我在中美两国的大学都读过书，感觉中国大学测评比较粗线条，往往只有期中、期末考试。美国一门课下来，除了期中和期末考试之外，平时还有测验、作业、个人或团队项目，学习中工作量大，测评多，反馈频繁。小考滋养了大考。缺乏平时测试，学生会用重复阅读和记笔记这些被证明为低效的手段来学习。不经测试，学生不知自己会与不会，到底哪里不会；老师不知道学生哪里会，哪里不会。这双重的盲目，在班级过大、个人化反馈匮乏的中国学校，问题尤其严重。等学生和老师在大考中知道了薄弱环节，往往为时已晚，无法补救。

塔夫茨大学的科学家发现，在考试前多次举行低风险的小考，有助于学习。在这份刊载于《科学》的研究，描述了作者所作的一个实验：实验人员让学生先前通过回顾练习，记忆电脑展示的 30 个词语和 30 个图片，每次单词和图片出现十秒钟，过后实验参与者还有 10 秒钟记笔记。此后，学生被分成两组，一组通过限时测验的方法去记忆。另外一组，则不测验而让其重复学习。24 小时后，每组抽人开展压力实验。实验参与者要针对陌生话题发表即兴演讲，并在两个裁判、三个同伴和摄像机前当众做数学。经过压力测试后，研究人员重新让学生回忆 30 个词语和 30 个图片。结果他们发现，参加过小考的学生，成绩反高于没有经过压力测试、只重复背诵的人。

低风险测试有助于记忆学习，甚至能让他们不受高压测试环境的影响。此间原因很多，我感触最深的是三点：

第一，低风险测试能给学生提供及时的反馈。这种反馈增加了学习者对学习情况的了解。

第二，测试过程中，学习者通过和其他选项的对比，对内容有更好的辨析。学习者对测试内容有所揣摩。这种揣摩让学习内容，和其他一些内容产生了关联。从而增加了学习的深度。

第三，人处在低风险的环境下学习，思维更开放，更活跃，学东西更能“进脑子”。倘若一开始就接触高风险测试，包括类似于正式考试的高强度“模拟题”，我们的大脑会产生压力，继而进入防御机制，最终封闭起来。当然，不排除有学生迎难而上，风险越高发挥越出色。他们在考试之前临时抱佛脚也能考出好成绩。但这些人是例外，非常规。对于大部分学生来说，平时的低风险测试不但巩固记忆，帮助自己通过眼前考试，也有利于长期记忆。

怎样开展“低风险测试”，或者说哪些是“低风险测试”呢？降低考试风险，不等于降低考试难度。降低风险的做法有几种：

1. 测试不计分；

2. 测试分值或权重降低；

3. 整个学期结束之后，可扣除一两项同类测试的最低分；

4. 允许学生多次修改和提交作业，直到老师或者自己满意；
5. 允许学生在不同时段完成测试；
6. 允许学生在测试后查找答案，借此实现学习；
7. 测试后学生能得到及时、有意义的反馈，包括老师的评论，这样可以改进学习的效果；
8. 让测试内容不断进入题库，成为高风险考试的内容。如果不是这样的话，学生不会重视。

我在下面的“形成性测评”部分介绍的测评方式也多为低风险测评。使用频率最高的“低风险测试”是小测验。我们平时常说的小测验，可以只有十来道题甚至四五道题，很快可以做完的。做完可以迅速查验。如此会鼓励学生参与考试、获得反馈、回顾内容，形成学习良性循环。这种测试，不要变成几十道上百道题的大考。学生考完，已精疲力尽，难以让其回去迅速检查答案，接受反馈。

可能会有朋友问，这么多次测试，让学生把题库里的题目全部搞熟了怎么办？遇到这样的问题，我往往会问我们的老师，这不正好达到了你教学的目的？伊索寓言中说有个农夫，临死前叫儿子过来，说祖上留下的土地里有宝贝。他去世后，儿子把地挖了三遍，宝贝没找到，次年粮食大丰收。这宝就好比那考分，而挖地就好比学习。老师如果教学是为了学习，管学生是不是全部考满分？

老师不使用低风险测试，执意使用一两次大考。学生也不必束手待毙。现在越来越多的手机应用和电脑程序，能帮学生自己生成简单测试。比如我们先前所说的 Quizlet 等。可汗学院等网站，也有不少针对不同学科的自测和讲解，学生自己上这种网站学，也属低风险测评。毕竟做错了也没考分、排名之类压力。希望教育和投资界朋友继续努力，打造可汗学院那样的 24 小时不间断的空中课堂，让所有学生都可以得益。

体检与验尸：形成性测评

频繁、低风险的小考，有不少属形成性测评（formative assessment）。“形成性测评”这个概念是由32岁就当上了正教授的著名教育家迈克尔·斯克利文（Michael Scriven）提出，后被本杰明·布鲁姆发扬光大，在美国教育界家喻户晓。

形成性测评指的是以改进学习和教学手段为目的的测评方式。与之相对的概念是终结性测评（summative assessment）。终结性测评是为了对学习的效果作出判断，对学生作出甄别。关于二者的区别，教育界有一个形象的比喻：“形成性测评是体检，终结性测评是验尸。”[①]

中考、高考就是终结性测评，基于常态分布筛选学生，本身并不能促进学习。如体检是为了强身健体那样，形成性测评目的是让我们通过测评来改进学习。它是基于达标的测试，并不在乎学生之间的排名，不对甲乙学生展开区分，而是看学生每个人的学习目标到底达成

① 多次被人转载，出处不详。

了多少。一个老师，如果平时不多使用形成性测评，只通过一两次大考，对学生进行突袭，也不大负责任。

哪些测评是形成性测评呢？这里我举些近些年接触的常见例子。这些例子有的适用于所有学科，有的适用于具体学科：

- **课堂提问：**在课堂上对学生口头提问，让其个别或集中回答。准确的发问绝对是一门艺术。我们可以把发问仅仅做成“什么时候”、“什么人”、“哪一年”、“在哪里”这样的简单事实回顾，也可以提出“什么”、“为什么”这类激发深层思维的提问。这一点大家可以参看本书中关于布鲁姆知识分类论的介绍。我们可以问：请解释说明力学三定律分别是什么（知道和了解层面）？也可以问：能否举例说明力学三定律（应用层面）？
- **小测验：**这是最为普遍的形成性测评。小测验可以在上课一开始做，检验学习的复习、预习或阅读的效果。这种测评也可以在课末尾做，检验听课效果，课后自己完成也是可以的，其功能是巩固学习。设计这些测验的时候，老师应放眼长远，把每周或每天的小测验做成题库，滚入期中、期末的考试，这样能让平时的测验，成为自然的复习迎考过程。同样考题多次出现，也有利于巩固记忆效果。
- **话题辩论：**针对有争议性的具体话题，也可让学生分组辩论。作为课堂教学手段，辩论不一定在形式上变得过于复杂。可以先对学生分组，让其选定立场后自行讨论，小组内部形成大致统一的意见，然后双方辩论。老师事前应明确辩论规则，比如不可人身攻击，要有证据证明各自立场，限定发言时间等。部分学生可以被指派为主持人，选定问题，控制时间和节奏。

- **回应系统：**为了增加集中回答的效率，美国很多课堂上使用点击器让学生选择正误或ABCD。这种点击器须安装相关系统，学生手头得有手机、平板电脑或其他电脑。在技术应用比较普及的一些欧美学校，这么做是可行的。范德堡大学的德里克·布拉夫（Derek Bruff）曾著有《怎样用课堂回应系统开展教学》一书，教人们如何利用这种回应器改良教学。

现在有些手机应用，如Socrative，也可下载使用。使用该软件则无须购买点击器。如果不用这些技术手段，更为简便的办法，是对简单答案举手表决，这么做有个风险：群体压力会让学生举手时有所顾虑，这会使得答案的分布出现误差，这是美国学校运用技术手段的一大原因。手机在中国非常普及，部分教育机构，尤其是高校，可以思考如何利用微信等方式，让学生回应某些提问，这样老师和学生可以随时掌握学习进度。另外一个办法，是用不同的彩纸或卡片，分别代表正误或ABCD，让学生同时出示，这样可打消因压力不举手的顾虑。注意，在公布答案后，不要当众让某些持少数意见或者出错的学生出丑，否则以后的从众压力，会让这个测试方法形同虚设。

- **平时作文：**这是文科教学中常用的作业方式。老师布置作文，不要冷不丁出个题，打个分后不了了之。作为一个专栏写手多年，我体会到好文章是根据反馈和编辑互动，不断修改出来的。一挥而就的才气之作多为以讹传讹的传说。连海明威这些大作家的作品都是一改再改。为了改进学生的写作水平，老师可以允许学生提交初稿，给出反馈，然后让学生修改后重新提交。如果是比较大的文章，比如学术类文章，老师不妨分段教学，比如将作业切分成如下几个阶段：一、提交选题；二、提交大纲；三、搜集资料，并对资料加以注释，形成备注式文献清单；四、提交初稿；五、根据需要和反馈修改；六、提交定稿。很多毕业论文是按照这种程序在走，学生平时并未试过，到时候便无从下手。不妨把这个流程纳入平时作文当中，让学生通过平时的操练，形成良好的写作习惯。如果说最后的毕业论文属终结性测评的话，平时的这种操练，就是良好的形成性测评。

- **周记：**反省式学习（reflective learning）引起了越来越多的关注。让学生每周提交周记，就是一种反省式学习。这些周记不是关于个人隐私的一地鸡毛，而是关于本学期所学内容的时刻反思。这对于一些只能看到结果、看不见过程的学习，尤其疗效显著。老师可以看到并矫正学生对相关问题的思考，学生也可反思自己对学习内容的掌握和需要进一步拓展的方面。如果不存在诸多隐私问题，这种周记也可变成网络文章的形式发布，让学生互相浏览、评论。
- **海报制作：**制作相关主题的海报。比如在美国历史课上，我儿子的老师让每个学生制作一张关于某个具体国家的海报，内容包括人口、地理、历史、语言、货币等基本事实，另外学生自己可以选择几个自己认为“有趣的事实”。这些海报，最后还被集中展出，让学生们互相介绍，互相学习。

- **“穿越作业”：**制作一份针对某个话题的模拟报纸或杂志。比如美国曾有老师让学生编一份基于霍桑小说《红字》的杂志。学生不需要完成杂志的全部细节，而是列出主要部分，比如封面、目录，或者增加部分专题文章、广告等。这个过程貌似“好玩”，做起来并不容易，需要有对当时社会环境和小说本身的深切了解。学生还要会一点媒体制作，并调集“穿越”到当时环境的想象力。这种“穿越”作业还可以包括：制作某个历史人物的社交媒体主页。特朗普可以凭借社交媒体，赢得大量粉丝支持，最终赢得总统宝座。如果阿连德时代有主页的话，他会怎么发贴？会和谁互粉？他人如何评论？他的朋友圈都有哪些人？这些游戏，网络上常有，尤其是三国人物，但这些制作多为搞笑。如果历史老师布置这样的作业，要求学生在穿越中体现出一定历史严谨性，不要“穿帮”，倒是有益且有趣的形成性测试。这可能要比考试更难。比如阿连德会用什么风格写字？这会逼迫学生更加贴近、钻研历史人物，而不只是记忆几个历史事实。
- **数字故事：**讲述故事是二十一世纪的重要技能之一。人们往往会忘记我们所讲的各种大道理，但是生动有趣的故事，则长存于我们的脑海之中。如果学生自己制作，则印象会更加深刻。数字故事有几种，一种是将照片组合起来，加上个人叙述。一种是剪辑小电影。一种是二者混合，既有静态图片，也穿插部分录像，最终形成一个与学习有关的音乐电视。做得好的数字故事，就好比一个小小的纪录片或者故事片。学生可以在制作过程中，学习使用某个编辑软件，这对他们的数字技能也大有裨益。年轻学生在这方面的创意是无穷的，我常看到大学生做的模仿电视新闻节目。陈凯歌导演的电影《无极》，曾被胡戈剪辑成了《一个馒头引发的血案》。如果能把“恶搞”的创意用到正道上，跟人讲述自己学科里的某个现象、学说、人物、概念，也是既学了内容又学了形式的一箭双雕之举。相关的制作软件越来越“傻瓜化”，学生不需要投入大量时间去学习软件，可以把主要精力放在内容的编制和剪辑上。老师如果自己不熟悉这些软件，可以分享这些软件所在公司提供的简明教程，或是让会的学生或学校媒体制作人员演示使用方法。需要提醒的是，除了媒体制作课之外，不要过分强调学生在制作上的精美，否则学生会舍本逐末，忘了要学的内容，而把精力都花在制作上了。这方面的调节，可以通过打分来体现，比如只给制作 20% 的权重，而将余下的 80% 给予内容和陈述等。大部分学科毕竟不是要培养学生做导演和剪辑的。

- **电子书包**（ePortfolio，全称 electronic portfolio，又名 digital portfolio）：这是一个艺术类学生熟悉的概念。他们会在求学

过程中，积累自己的作品，形成作品集，好给未来的用人单位或者客户看。电子书包是对这种单纯作品集的一大拓展。它收集了关于一个人学习成果的所有数据，包括个人陈述、简历或小传、所学课程、重要作业、发表作品、老师评价等所有可用来让人了解一个人才学的资料。换言之，它是一个人的学习档案。它在职场被广泛应用：在美国高校评职称，一般需要提交终身教授评选和职称晋升电子包（tenure and promotion portfolio）描述个人在教学、研究、社区服务等方面的成就，和未来的发展方向。学生“成就”可能没有那么多，但是从低年级到高年级的不断发展中，可以日渐增加自己的“作品”进入这个电子书包。这个电子书包，制作并不复杂，可以是豆瓣主页，也可以使用专业的电子书包应用，如 Wix, Behance, Dribble 等。学生可以给自己制作一个总体的电子书包，也可以根据具体的课程，制作具体用途的电子书包，这样可以抛弃一些无关内容。老师可以根据课程布置电子书包的作业，让学生搜集自己的作品，并给出反馈，让学生的电子书包不断改进，这对他们未来的求职大有帮助。电子书包一般存储在网络上，外人可以看到。如果存在隐私问题，可进行加密。这种数字化存在，现在已经成了个人的第二身份证。在美国，我们招聘新人的时候，往往都去搜索一下这个人的网络存在，从中会了解到他们的不少信息。如果应聘者反客为主，主动提交自己的电子书包，会让用人单位减少自己搜索带来的低效，和张冠李戴的错误。

这里描述的是常见的一些形成性测评方式，其他的测评方式还有很多。如果遇到不明白的，或是自己有好的做法可供交流，欢迎大家通过我的社交媒体[①]分享。

① 微博：weibo.com/berlinfang，微信公众号：fangberlingz。

如何开展项目式测评

我们和孩子学校生活的接触，主要是通过其家庭作业。美国的家庭作业很少死做题目，而是学校里教各学科在知道、理解、分析层面的技能，回家反倒是在锤炼学科知识的应用、评估、创造。这些作业一般都叫“项目”，多为“项目式学习”，有时候也是“问题式学习”，亦即让学生带着实践的任务或者问题去学习。这些年我看到孩子们做过各种“项目式”、“问题式”作业，散布于各个学科，例如：

- 诗歌作业：英文课老师为了让学生学会欣赏诗歌，让他们先是分析自己选定的诗歌，比如各种修辞手法的运用、韵律结构、句法模式。分析完之后，老师让孩子根据自己选定的主题，编选十首诗的诗集，然后按照同样的主题，自己创作一首诗歌。同一门课的多个老师组成评委，评选出最优作品，让作品的创作者去当地一咖啡馆举办朗诵会。同样，在学小说的时候，同学们要自己创作小说。
- 家族访谈：在《人文地理》课上，为了让学生了解人类迁移历史，老师让学生访谈各自父母，了解家族成员的来龙去脉，如原住何地，从什么地方迁徙而来。这样一来，每个小孩给自己的家族，制定了小小的“族谱”。

- 老鼠夹车：为了让孩子们学习有关物理学原理，比如动力和阻力，科学课的老师让学生用老鼠夹子（上面的弹簧能驱动车子）、绳子、木杆、光盘等材料改制的轮子，制作一个能够自己跑的机械车。完成之后，老师在课上举办赛车活动，看谁的车跑得最直，谁的跑得最远。
- 恐龙生态园：在另外一门科学课上，老师让同学们制作“恐龙生态园”，如何制作，学生各自发挥。我儿子用橡皮泥制作，然后涂上颜料，样子还很好看。
- 革命弦乐：国内学琴的孩子很多，但是很少有机会去用，孩子们往往学得枯燥，失去兴趣。我们两个孩子，儿子拉中提琴，女儿拉小提琴。老师让孩子组建乐队，去各地演出。甚至和高手同台献艺。我儿子学唱歌的时候，曾与维也纳儿童合唱团、美国儿童合唱团一起演出。我女儿参加的“革命弦乐”是一高中乐队，表演居然十分专业。该乐队曾去中国、欧洲、加拿大各地演出。这种在表演中学习，在学习中表演的教学方法，使得孩子们学起来干劲十足。表演还训练他们的组织和自我管理能力。比如每次演出之后，设备的装卸、CD 的制作和出售，都是乐队成员自己完成。

这类项目式学习的例子不胜枚举，我曾在自己的网站、公众号多次介绍，欢迎大家搜索，了解更多详情。关于这种项目式学习的相关理论，大家应该听说了不少，但是家长和老师在操作上还陌生，常对这类作业在认识上误判，比如看美国小孩常玩一些花里胡哨看似很好玩的东西，便称之为"快乐教学"，以为比我们的做题目轻松愉快。出于这种误判，大家一旦看到与这种个人片面理解的"快乐教学"不一致的地方，比如其实这些学生完成作业的时间也紧，压力也大，便一百八十度大转弯，说"美帝"的学习也不快乐，原来我们做的也没错，云云。

美式家庭作业和中式家庭作业最为不同的地方，不是快乐与不快乐的二元对比，而是背后对学生和学习的认知存在不同。这种作业的布置，事关我们的"三观"。若认为现实只有一个版本，则导致作业以知识积累、传递、再现为主。这种视角，让我们把知识当成绝对的事实，存在正确和错误、高或低的区分。这样的知识观，让标准化试题为主的题海战术成为主流。当然，在很多情况下，不同的答案确有优劣高下之分，不是什么都好，什么都对，数学里的一加一总不可能等于四。可是对于知识的表述和应用，是可以千姿百态的。我看我女儿上高二时的一项作业，就对此很有感触。

在这份化学课的作业上，老师让学生学习化学元素。关于不同化学元素的知识相对恒定，比如元素的属性，元素发现的人和时间等。但老师在如何了解、应用这些知识上，动了不少脑筋，调动了学生的积极性，使得对于元素属性的理解更容易被学生消化吸收。老师让学生将每一个化学元素变成动漫英雄的角色。学生要根据化学元素的属性，设计出动漫角色的拟人性格来。我女儿选择的是"氟"。她设计的氟元素是个千金小姐，名叫弗洛伦斯。该小姐的家族是“卤族”，“精力充沛，性子火爆，容易冲动，很有危险性”，“她力量强大，处在气体状态能让对手一时眼瞎。弗洛伦斯也能利用他人的能量，见招拆招。她能随心所欲降低自己的密度，进入气体状态。可是她与其他超级英雄配合良好，和其他人在一起的时候她能量倍增，她能与其他英雄一起，产生腐蚀性超强的酸液。她甚至还能造成爆炸。”我也不知道她对于这个化学元素的拟人描述是否合适。不过她的老师总是可以根据她描述，发现、矫正她在理解上的偏差。

图 5.2 女儿和她的小组绘制的化学元素漫画

设计这种作业，需要考虑哪些因素？

第一，勇于自毁“三观”。问题式、项目式作业，背后的哲学是建构主义教学法。该教学法强调学生学习的过程是通过实践、体验和反思，形成个体对于世界的独特看法和认知。这种教学方法的使用者认可学生自己的背景，认可他们对知识的重新建构。进行这种作业的改革，老师自己也必须有所释放，不把自己放在真理守门人的角色之下，而是把学生个体的不同作为资源利用起来。这种对过去三观的断奶，于老师而言殊为不易。建构主义的作业，多镶嵌于现实，问题更模糊，对学生来说老师的要求和期望不一定清楚，这会产生焦虑。老师得保持和学生经常性的沟通，或给出各种示范，好让学生有可循之路。

第二，促进同伴学习。在知识积累上，只学一个元素，其他的怎么办？我拿这个问题问我女儿，她说老师让大家分头去学不同的内容，回头大家通过演示，集体分享。历史学习上，我也看到孩子们分头去做关于美国著名将领、民权运动领袖、发明家、科学家的PPT，然后开小小展会，让大家集体学习。对于知识点众多的学习，学生孤立地挨个去学，或许感觉扎实，但其枯燥的过程，会让学生失去学习的动力。这种用丧失兴趣换来扎实基础的做法得不偿失。而集体做知识拼图的作业交流，使得学习过程更有趣味。更为重要的是，教是最好的学。孩子们在演示、分享各自成果的过程当中，能以教促学，教学相长。

第三，搭支架撑学习。建构主义的学习中，学生灵活度大，但是这种灵活度也让学生茫然。多半情况下，老师会提供脚手架支撑（scaffolding），让学生一步步把任务完成下去。如果一下子丢给学生一个巨大的“项目”，例如制作系列化学元素动漫书，学生可能无从入手。多半情况下，从我观察到的作业实例上看，老师利用两种方式搭建脚手架支撑学习。一种方式是切分项目任务，比如动漫项目，老师一开始让学生根据对化学元素的了解，描述动漫人物的肖像，接下来会让小组合作，描述一个动漫故事情节，等等。这个过程可能长达数月，学生被引导着，循序渐进地完成任务，发挥创意。“脚手架”的另外一个构成部分，是“评分细则表”（rubrics）。这种细则让学生了解老师期望的项目要素是什么，质量指标是什么，好与坏的作业分别是什么标准，老师会怎样打分。学生往往会在完成作业之前，了解老师通过细则表描述的评分标准。评分因为这个表变得透明，这个表也让学生知道好的作业应该具备哪些元素。

美国学校高分低能的书呆子比国内少得多，这和作业的设置很有关系。2016 年我去了一趟英国，原以为英国更重视知识积累，结果发现，他们的项目式作业也比国内多得多。看来这是发达国家的常规做法了。芬兰废除学科一说，曾引起广泛关注。后来此说被证明为误传，其实不过是教学方法上的大杂烩式革新。而革新的思想依据，多来自美国，不过芬兰冠名为“现象式教学”。在推广这种教学的“现象式教学”网站[①]，我看到了无数的“老熟人”：比如“整合式教育”、

① 网址 http://www.phenomenaleducation.info。

"建构式思维"、"问题式教学"、"项目式教学"、"探究式教学"、"同行社区"。该网站甚至称"现象式学习的最高境界就是问题式学习。"这一切，均是美国这么多年来一直在倡导的教学改革思路。著名导演乔治·卢卡斯创办的"教育乌托邦"（Edutopia），就常年在宣扬项目式和问题式教学。

据我了解，国内这方面除了北上广等大城市外，项目式、问题式测评始终放不开。学生总徘徊于知识记忆和理解的领域，认知技能得不到进一步的扩展。往小处说，这种学习更为枯燥。往大里说，技能得不到合理延伸，也事关孩子们应对未来的素质培养，实在不可掉以轻心。

评分细则表：非标准化测评的法宝

标准化作业之所以受欢迎，容易批改也是原因之一。反正是ABCD或者正误，少有“灰色地带”。而我们上面说的一些测评，如作文、海报、数字故事等，因为涉及主观判断，老师批改起来比较费力，而且容易和学生发生扯皮。这使得很多老师不愿意采用这种方法。在美国学校，老师的一大法宝，是上面提到的“评分细则表”。有了这种评分细则表，主观题的修改，变得有章可循。它的使用有如下好处：

- **传达作业需求：**评分细则表能比较准确地将老师的期望值传达给学生，让他们一开始就知道老师批改的时候看重那些要素，以免因缺乏透明度和信息不对称导致对作业要求的理解差异。
- **精确传达反馈：**总体的各项标准，老师可以逐个选择打分。另外，很多评分细则表允许老师添加具体的评论。从这些反馈中，学生可以发现自己到底哪里失误，而不只是看着一个笼统的打分不明就里。
- **增加评估的客观：**使用评分细则表，将要求明确化，会增加测评批改的信度，降低老师的主观性。老师在不同时间批改，或是不同老师修改，有了这些评分细则表，评分都会更为接近。

- **节省老师时间：**用评分细则表给学生打分，会节约老师大量时间。首先，由于把要求具体化，会省去不少回答问询的时间。另外，很多课程管理系统现在自带评分细则表，老师如果用它们打分，评分细则表可以自动将各项打分累加，成为作业的打分。打完分之后，学生迅速可以看到反馈，而老师打分，有时候不过是点击不同标准下某个评分，过程快捷。

评分细则表一般有三个元素：一是标准（criteria），二是分值等级（scale），三是权重（weighting）。如下是我所在的阿比林基督大学的教育硕士课程通用的网络讨论评分细则表：

表 5.1　讨论评分表

标准	得分范围		分值
发帖内容：高质量，内容对学习社区有贡献	符合甚至超出期望（2.5 分）	不符合期望（1 分）	2.5 分
学生原帖：对讨论提出的问题有审辩式分析	符合甚至超出期望（2.5 分）	不符合期望（1 分）	2.5 分
对他人回帖：对同学和自己的学习有帮助	符合甚至超出期望（2.5 分）	不符合期望（1 分）	2.5 分
书写表达（10%）：使用标准美国英语，准确、明晰、简练地表达自己的观点。	符合甚至超出期望（2.5 分）	不符合期望（1 分）	2.5 分
		总计	10 分

来源：阿比林基督大学教育系，经同意使用

关于标准，我们可以设置无价值判断的中性术语，如“书写表达”，也可以设置有所判断的说法，例如“书写表达流畅”。我们学校使用评分细则极多。为了增加这些评分的区分度和准确性，一般情况下，我们是让一个系的老师团队商定出评分标准。比如我们教育系的几位核心老师凯伦·麦克斯维尔（Karen Maxwell）、布鲁斯·斯科特（Bruce Scott）、劳埃德·戈德史密斯（Lloyd Goldsmith）、董尼·斯奈德（Donnie Snider）总是集中商量出教育硕士和博士项目课程中所用的所有评分细则。这些细则的来源，多为美国或德克萨斯州相关认证机构制定的教学目标。这些更高一层机构的教学目标会被分解为课程目标，课程目标进一步细分成每一门测评需要达成的目标。这层层的分解，会让课程中的测试具有更强的严格性。美国的认证机构，往往会审查学校的教学细则，看其是否和他们的要求挂钩。

如果一门课程没有这些来自认证机构的教学目标，老师自己自然也可以制定标准。严谨的制定过程，会让这些细则的可实施性大增。老师或者教学小组可以按照如下步骤制定标准：

第一步：用头脑风暴法，列出对于某项作业从内容到形式所有重要的测评标准；

第二步：将这些标准分类汇总，该合并同类项的合并；

第三步：编辑被合并后所有标准的文字，使之简明扼要，不被误解；

第四步：可以给学生试用，征求其意见。有时候甚至在第一步，就可以纳入学生的意见，这样在以后的实际使用当中，避免争议或误解。

等级是对这些标准运用的进一步区分。这等级可以是“较差、中等、优秀”或档次更多的“不能接受、较差、中等、良好、优秀”这种文字的定性，如下表：

表 5.2　文字逐项描述评分标准

标准	较差（5 分）	中等（15 分）	优秀（25 分）
书写表达	语言文字错误过多，也缺乏必要的准确、明晰和简练。	使用标准美国英语，语言文字经过编辑，少有错误。但在文字准确、明晰、简练上有待提高。	使用标准美国英语，准确、明晰、简练地表达自己的观点。语言文字经过编辑，少有错误。

对每一档次具体描述，会增加老师工作量，实际意义也不大。不如直接描述最佳做法是什么，给予分值范围，在此范围内自由打分。也有不少老师按照不同标准的重要程度，给出百分比，如比较重要的原帖，我们可以给 40%，书写虽不关键，却也需要，我们可以给 10%，等等。最终我们可以换算成百分值。比如表一中的情形，如果是用权重的话，我们可以给发帖内容、学生原帖、对他人回帖、书写表达分别给出 20%、40%、30%、10% 的权重，每项满分是 2.5 分，最终再换算成百分比。但这样增加了老师批改时换算的工作量。如果是电脑自动统计，而得分范围数值过小的话，最终会因四舍五入，增加雷同结果，无法对作业进行有效区分。

表 5.3　权重式评分表

标准	得分范围		分值
发帖内容（20%）：高质量，内容对学习社区有贡献	符合甚至超出期望（2.5 分）	不符合期望（1 分）	2.5 分
学生原帖（40%）：对讨论提出的问题有审辩式分析	符合甚至超出期望（2.5 分）	不符合期望（1 分）	2.5 分
对他人回帖（30%）：对同学和自己的学习有帮助	符合甚至超出期望（2.5 分）	不符合期望（1 分）	2.5 分
书写表达（10%）：使用标准美国英语，准确、明晰、简练地表达自己的观点。	符合甚至超出期望（2.5 分）	不符合期望（1 分）	2.5 分
		总计	10 分

这种处理方式，反倒不如直接使用百分制，将上述评分直接换算成总得分，如下表：

表 5.4　自由式评分细则表

标准	最高可得分	实际得分（举例）	老师评论（举例）
发帖内容（20%）：高质量，内容对学习社区有贡献	20 分	15	内容新颖，其他同学未曾提到，但是引用文献未曾注明。
学生原帖（40%）：对讨论提出的问题有审辩式分析	40 分	40	对原题分析合理，视角独到。

续表

标准	最高可得分	实际得分（举例）	老师评论（举例）
对他人回帖（30%）：对同学和自己的学习有帮助	30 分	25	对同学的回复有助于讨论内容的拓展，但是回复数量有限，所以扣分。
书写表达（10%）：使用标准美国英语，准确、明晰、简练地表达自己的观点。	10 分	5	语言流利，但是部分地方表述有欠精炼，另外稍显口语化。
总计	100 分	85 分	

这样的评分细则，老师在评分上灵活度比较高，可以在最高分范围内给出任何具体得分，容易拉开学生差距，如果这一点有必要的话。另外，分数统计比较便利。如果是电子评分，系统一般会自动将各项得分相加，得出总分，大大减少老师的工作量。若同类反馈反复出现，老师可将其存储起来，反复使用。鉴于计算简便、给分灵活、反馈具体，这种评分细则在我所在学校最受欢迎。学生也能通过这种细则，明确了解自己到底什么地方有待提高。

美国项目式作业繁多，如上述的作文、网络评论、视频制作、电子书包等。甚至有老师开始布置“开放式作业”（free-range assignments）。这种作业，是因一些公共课，如基础心理学，来选课的学生来自不同系科，如果大家用同样方式做作业，对于某些学科学生会不公平。英文系的学生可能擅长写文章，可是这未必是美术系、音乐系学生的专长。而老师想了解的，只是对于某些基本心理学概念的共性的了解，未必关注文章本身写得好不好。至于学生对于各自理解的呈现，不妨让大家“百花齐放”。我们心理学系的詹妮弗·舒梅克教授就是这么做的。她班上同学提交的作业包括传统的作文，也包括绘画、电子相册、海报、录像、章节图书，甚至还有同学用舞蹈表现自己的理解。这五花八门的作业，如果缺乏评分细则，不仅学生理解起来一头雾水，老师自己也改得费劲。而电子书包作业，更符合建构主义教学的特征，亦即认可学生利用自己的背景和资源，以不同方式理解、阐释、运用所学内容。这会使得作业更多元化，增加了测评的趣味，测评本身也更准确。有一个评分细则，才能够公平地、准确地对学生提交的作业质量进行判断，并给出合理反馈，让其不断改进。

美国中小学同样有各种各样的“项目式学习”、“问题式学习”的作业，我看他们无一例外地使用评分细则表对学生进行评判。缺了这一环，学生不明白要求，老师自己改得半死，家长也不知道老师葫芦里卖什么药，这是我强调评分细则的主要原因。但愿大家多多尝试，让项目式学习普及起来。

机考是考试的未来

通过测试给学生和教学者自己提供有效反馈，并不是一件容易的事。标准化考试的修改，我们经历了如下几个阶段：

纸与笔：最初的阶段是纸笔考试，老师用不同颜色的笔修改。如果只是看 ABCD，以一个班 50 个学生、一份考试 50 题计算，老师批改需要看 2500 次。批改学生试卷的工作量，会让老师望而生畏。这个过程并无创造性，纯粹浪费老师时间，使得他们枯燥乏味地忙得精疲力尽，无法做更为重要的事，比如分析哪些考题出错，哪些学生在哪些方面出错。等所有试卷批改完毕，老师已经忘记了哪个学生哪里不过关。等被批改了的试卷发到学生手中，又会经历一段时间，学生此时可能已经忘了考试的具体内容。考了等于白考。

答题纸：接着我们看到的一点变通，是让学生利用答题纸回答问题。老师用标准答案答题纸覆盖在上面核对。我记得有老师曾经在正确答案上烧出小洞，好覆盖在答题纸上，迅速核对学生答案。这个做法，稍微快速了一些。遗憾的是，这种方法不能统计出考试的任何数据，比如哪些学生选了什么题目。

阅读器：再接下来我们看到的革新，是利用诸如 Scantron 这样的答题卡阅读器[①]，喂入答题卡后，可以比较快速地获得答案。这种阅读器本身非常昂贵，另外必须配备相对应的答题卡，这种答题卡同样昂贵。不仅如此，如果答题卡信息不完整，还无法形成正确的答案。阅读器的结果是打印出来的，要和电脑连接，安装相关软件。答题卡、阅读器、电脑、打印机任何一环出错，我们都无法得到合适、充分的考试结果。有这实力购买答题卡和阅读器，有这时间不断去纠错，还不如直接将考题转成机考的题目。

纯机考：很多课程管理软件，比如 Blackboard, Canvas, Moodle（多有免费版本），本身包括测验功能，允许老师将考题上传，设置好之后发放给学生去做题。这些课程管理软件，一般也包括反馈功能，比如学生选了错题，会自动得到什么样的回复。例如："正确答案应该是 B。详情请看第 201 页。"这样会诱发学生去进一步学习。

机考的主要益处是：

- **缩短反馈周期：**使用机考，考试结束，趁着记忆还新鲜，学生可以迅速了解到考试结果，包括自己什么地方错误，正确答案是什么。
- **增加老师灵活度：**老师可以建立题库，每次学生考试，都会抽到不一样的题目，或是同样题目的不同排序，这比仅分 AB 卷的做法科学合理多了。这样也会增加考试重复的可能。如果从

① 又称光电阅读器、光标阅读器。

10 题的题库中随机抽 5 题，可能的组合是 252 种，同一班的同学很少有可能会做同样的题目。而老师如果发现具体题目的分值不合理，还可随时更改。

- **增加考试频率：** 在时间上，老师还可以自由选定什么时候让考试发布，什么时候过期，考试时间等。如上文所述，老师可以利用相关设置，让学生重考多次，直到掌握熟悉的内容为止。机考是设置上文所述“低风险”、“高频率”考试的最现实可行的方法。

将平时用传统方式发放给学生的考题，制作为机考的考题，是比较枯燥的过程。但大部分情况之下，课程管理软件允许老师以“所见所得”的界面，轻易上传问题和答案。如果老师开发新课程，测试问题反正是从头写，直接输入即可，并不会另外浪费时间。如果不是新课程，利用现有考题，则需要比较长的时间拷贝粘贴。好消息是：“磨刀不误砍柴工”，一旦完成了上传，以后就好办了。可以轻易将整个课程的所有考试全部搬迁到下学期，并进行新的组合、编辑。

美国一些课本的出版者，还附送考题。使用者可以去出版商网站，经合适的教师身份验证后，下载所有考题，并上传到本校课程管理软件中使用。不合适的题目，老师可以自己继续修改。

大部分课程管理软件，具有数据分析功能。如果不使用这些分析功能，机考的功能我们就没有用得淋漓尽致。以我们现在所用的产品 Canvas 为例（其他产品也有类似功能），我们看到的测试分析功能包括：

1. 测试总体分析：测试总体分析可以让老师看出任何一门网络测试的成绩分布状况，包括最高分、最低分、分数标准差和平均完成时间。老师可以借助此项分析，了解试题总体难度，和班级上学生的掌握程度，这样可以调整教学的进度和内容。
2. 测试问题分析：测试中的具体问题，课程管理系统均可以提供答案分布状况。更宝贵的是，能够提供单个考题的区分度，亦即这道考题，和学生的总成绩关联程度如何。关联程度越高，就说明该考题基本上能区分出学生的水准。区分度越高，说明这考题答对，在很大程度上能判断出学生总成绩好坏。如果区分度是 0，说明成绩好的学生、成绩差的学生在这一题上都没有太大差别，无论成绩好坏学生答对的机会均等。如果区分度是负值，则说明这样的题目好学生可能会失误，这说明题目的设计可能出了问题。有这种试题分析，老师就可以判断考题每一道是否合理，从而可以适当地作出修改。由于不少考题在题库里，单元测验之后可能期中考试还会用到，老师可借助这样的数据，及时修改。
3. 作弊风险分析：Canvas 等课程管理系统还有一种功能，亦即记录学生测试过程当中的活动数据，比如在哪一道题上花了很多时间，是否来回修改，或是遇到某一道题的时候离开了页面（可能去上网搜索了）。这能给老师提供关于这位考试的很多有用的信息，尤其是可能存在作弊风险的时候。该分析功能能让老师看出学生是否对某一道题反复修改，从中可以看出学生是否在某一题上有所挣扎。这些细微的网络“脚印”，可以帮老师了解学生对于某项内容的熟悉程度，以及学生有无作弊。

机考解放了老师，使得他们无须去管 ABCD 的正误，而是让学生自己考后即刻知道结果。老师可以利用被解放出来的时间，去分析考试数据，了解题目的难度和合理性，以及学生遇到的具体困难，在此基础上调整自己的教学。

好题不怕猜

接下来我想说说主观题，如作文题，怎样设置最为合理。每年高考中考后，大家将全国各地的作文题汇聚到一起，集中吐槽，如同一场全民的压力释放导致的狂欢。还有一项喜闻乐见的运动，是分析什么题目被押中，谁谁谁的文章、漫画被翻了牌。高考出题很忌讳被押中，变得神秘莫测。不知道出题老师到底想考什么，所以年年岁岁都有奇葩题，还有各种零分作文和满分作文。在宣传的噱头之后，那些零分和满分之间的学生得不到合理反馈。教育者也会在下一届教学中继续盲目地教。

作文题神神秘秘，今天是沙漠，明天是亲吻或巴掌，坏处更大。我们不妨跳出这些题目，去想想教育的初衷是什么？考试是要考人会的，还是要考人不会的？是要把人考得越来越好，还是把人考倒？《爱丽丝漫游奇境》里爱丽丝说：“你能不能告诉我，从这里出发，我该走哪条路？”“这很大程度上取决于你要去哪里。”猫说。高考能否告诉未来的考生，作文的目的是什么？如果目的不明确，怎么出题都行，反正把大批考生考得迷失方向，把一部分学生刷掉就万事大吉。

如果这，那就考他们不会的，考他们猜不到的，看谁是英雄，谁是狗熊。再者，主要靠人发挥的题目，在判别人才的准确性上误差也是很大的。

高考是独木桥，千军万马要过，筛选与淘汰有必要，但不应该是唯一的目的。现在高校正从精英教育变成平民教育。日后淘汰的需要会慢慢下降，而通过测评让人各自发挥特长的需要会加强。这就需要考题在内容上多一些常识，少一些玄秘。

纯粹通过考题神秘莫测去区分人群，也容易产生一个很不好的效果，那就是会产生写作无法训练的错觉。这样也让老师们不好去教。很多时候，我觉得我们的做法真正体现了苏联精神："咱们假装在工作，他们假装在发钱。"我们是老师假装在教作文技法，学生假装自己在学。如果多为平常的话题，甚至让学生可以去针对性准备，那么老师就可以把精力用来帮助学生改进写作方法、思维方式以及表达习惯。

"美国高考"SAT 的考题几乎全是平常的话题。我发觉有一个有趣的对比，美国的 SAT 考试，大众似乎很少去像中国这样讨论。这到底是为什么呢？这些考题没有那么多话题。它们不是深山隐士，而是邻家姑娘。它们具有如下特征：

可预测：首先，这些考题可预测。SAT 等考试的出题机构大学委员会（College Board）明确表示他们的作文题均关于社会现实，考题"更像平时的大学分析作品的作业，目的是确定考生确实预备好了上大学。考题的写作要求，一年和一年之间相差不大。学生被要求论述一个观点，在复杂问题上能够给出深入表达。学生要"运用逻辑推理，并能列出证据证明观点”①。这都是老师平时要求训练学生的，有很多是训练批判性思维的，自然不去考察学生能不能押中。

可操练：还有一点，SAT 作文可以训练。题目可能每次考都不一样，阅读材料也话题不一，学生被要求“审查关于艺术、科学、民事、文化、政治领域的一些观点和辩论”。阅读材料“均来自已经发表的文章”，或许《时代周刊》或《新闻周刊》等刊物上都登过，如果考生去猜题也好，那就欢迎他们平时多多阅读。通过考试促进阅读，不亦善哉？

可发挥：SAT 考题要求学生“表达对于此问题的观点，并使用自己阅读、学习、经验或观察来支持自己的观点”。题目都很平常，每个学生，无论背景如何，都可以表达观点，且有发挥的空间。大学委员会网站明确表示，话题选择，“适合大众”。由于题目不偏，也容易增加考试的信度，亦即学生不会因为话题过于陌生，而发挥失常，因为这些题目基本上也是平时大家茶余饭后都会谈到的话题。

评分细：不同人评分平均相差不多。SAT 还有相关评分标准，从中能看出写作文到底要考什么，比如满分作文应该具有如下特征：“对于所提出问题，能形成一个有效的、深刻的观点，能体现出优秀的批判性思维能力，能使用恰当的范例、论证和其他论据，证明这一观点”；“布局合理，重点突出，有一致性和观点的发展”；“体现出语言的熟练使用，能使用多样、准确且合适的词汇”；“句式结构有合理

① 下面关于 SAT 作文的引用均来自 College Board 网站：http://collegereadiness.collegeboard.org/sat/inside-the-test/essay。

的多元性”；“没有语法、使用和标点拼写等细节上的错误”。作文考题的评分标准，从阅读、分析、写作方面，都有细致的描述，这样两个老师一起改，不会有太大差别。

这样的考题和标准，就能指导平日的教学。我从孩子的作文课作业上，看到老师正是依据这样的标准去训练的。比如论点和论据，他们使用比较模式化的“五段法”作文。在风格上类似于古代八股，高度程式化，话题本身考生熟悉，或是题目中有所介绍，能辨识学生书面表达能力和思维能力有无得到合理训练。

总之，好的作文题，一是要背景中立，不让特定群体家庭的学生感到无从下手。二是话题常识，让所有学生都能有所发挥。三是范围宽泛，能让学生结合各自不同的阅历。若有可能，我甚至还希望出一些和现实结合的话题，而不全是各种虚拟的场景。快上大学的学生，对于一些关系到千家万户的热门社会问题，也理应有所关注，并能清晰陈述自己的观点，不人云亦云。若能如此，高考作文的社会作用可能更大一些，而不仅仅用于淘汰和吐槽。

不要怕考题被人押到，更需要在意的是，考题能否激发出语文教育的活力来。我希望未来的高考作文题，不是《阿甘正传》里说的巧克力盒子，你永远不知道盒子里装的是什么，会不会基本靠命，考得好不好基本靠碰，而应该是一个所有人都能看得见的靶标，普通人经过适当的训练，能越来越准地射中靶心。教育的目的，是要让人提高、改进。最终的目的是开启民智，让人走出愚昧混沌。

第六章

寻求终身教育

"以众人为师，以万物为师。"

——孩子学校的一则标语

"教育不是为了预备生活，教育即生活。"

——杜威

引言

我曾在一个国际会议上听到一个有趣的说法，学校教育的目的，是要让学生有效地对付未来的第三份工作。前面的工作，不过是为了谋生所需的种种折衷，人真正能给自己做选择，往往要到后来很久。我想教育真正的作用，还不只是这种职业预备。而今家长过于重视学校教育对人未来的造就，可是如果不去训练孩子的各种软技能和素质，这些技能和素质上的欠缺，未来都会拖孩子后腿，影响他们的人生成效。本章我们暂且放下学校教育这种狭义的教育，谈一谈家务、打工、作息、户外活动等“大教育”的内容。大教育自发、非正式、随意，却可能伴随我们终生。

软技能也要练

女儿很好学，是我们的骄傲。自从被选入“革命弦乐”乐队后，自己主动练琴，废寝忘食，极有钻劲。可是她时间管理很差，白天稀里糊涂睡懒觉，然后醒来做别的事情，有天晚上半夜练起琴来。大半夜练琴会扰邻，也让我无法睡觉，我让她停下来，她不听。我气得大叫起来。这时候她妈妈反而冲过来骂我，说我小题大作。有了人来支持，她更对我的说法置若罔闻。她妈妈在教育上非常认真负责，也很有方法，但在冲突处理上总不和我站在一边。这些事情上，家长意见不一,一个人想教育，另外一个人唱反调，任何努力都是白费。这种时候，如果她也过来说女儿几句，孩子看到我们两个人都同一个看法，往往就会顺理成章终结错误做法，这样结局往往是皆大欢喜。大部分家庭孩子的习惯坏掉，就是因为一方在打左灯的时候，一方非要往右拐，结果导致种种混乱。好消息是，经过协商，后来大家达成了认同。

我非常在乎小孩技艺的长进，为什么却不让小孩深夜练琴呢?这有多重原因。一来这时候练习，多半是因为一天的事情没有任何规划，而是脚踏西瓜皮，滑到哪里算哪里，时间管理技能有待提高。她自己也应该注意自己的身心健康，在极其疲倦的时候，就应该去睡觉。

更重要的是，任何人都应该顾及周围人的作息，不能只顾自己的日程。世界上总有人不顾他人感受，不管他人利益，我不希望我家任何人这样。人应对他人的福祉（包括作息）表示尊重，哪怕他人的习惯和我们完全不一样。我们做父母的这时候不设定界限，就是我们失职。日后孩子遇到问题，人们就会追究我们作为她的“原生家庭”，没有好的管教。

孩子一开始对我的劝告无动于衷，也处在否定状态，不识变通——这种变通和敏感也不是他们天生就会的技能，需要父母来教。说没有邻居来投诉，就是我一个人在反对而已。要是等到邻居来敲门，已经太晚了，关系的破坏已经无可挽回。一个人不管在什么处境下，自己得知趣，等到别人过来，发生针锋相对的冲突，才晓得收敛，说明分寸感太差，也往往自取其辱。提前预防，凡事考虑周全一些，自己和他人都很愉悦。**一两的事前考虑，胜过一吨的事后冲突管理。**

所有这些，包括对人的爱心、时间管理、矛盾应对，都是软技能。这些软技能累加起来，就是所谓一个人的“素质”。这些技能，不会无缘无故天然形成，需要家长来训练和矫正。可是这方面的培养，却被我们很多家长忽略。我看过一本书，叫《影响者》（*Influencer: The New Science of Leading Change*），书中就特别强调一些软性技能需要练习才能掌握。“跟权威人士说话需要技能，这种技能也需要我们练习。对抗有虐待行为的配偶或是应对学校的欺凌——包括对毒品说不——这些都是技能，也都需要训练。”但是此书指出，可悲的是，家长在花样滑冰、下棋、学小提琴这些方面知道要去训练，却很少有人想到在软技能上去开展训练，比如与同事的合作、对团队的激励、和问题少年沟通、或者是和医生交流医疗错误。对成年人来说，有些练习已经无济于事。著名政治家弗雷德里克·道格拉斯（Frederick Douglass）有句名言：“塑造茁壮的儿童，远易于修理破碎的成年。”（It is easier to build strong children than to repair broken men.）所以我才会一再“小题大做”，希望让自己的小孩能健康地成长。小树长弯了尚能修理，大树弯了，就没有办法了。任何教育，若是只顾头脑不顾心灵，结果都是枉然。也正是这个原因，暑假期间我让孩子参加了不少开发心灵的夏令营。孩子在某些方面欠周，但能看到他们一直在进步，为此我深感欣慰。

总而言之，我希望她借此事知道，练琴固然重要，练习时间管理、善待他人这些，同样重要，甚至更为重要。由于晚上争执效果差，当面讲听不进去，或是出于自尊不肯认错，次日我给女儿写了一长信，跟她说明我为什么这么在乎让她不要半夜练习。很高兴的是，此后她的习惯改变了很多。

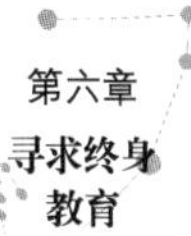

晚上要不要做作业?

有孩子的人家，辅导或督促孩子做作业往往是必不可少的。但是得克萨斯一小学老师给家长的留言，却称自己的家庭作业政策是“不布置作业”。2016 年 8 月 16 日，家长萨曼莎·加拉格尔在社交网站上发出了女儿布鲁克的老师布兰迪·杨写给家长的一张条子：

“经过暑假期间的大量研究，我准备尝试点新方法。家庭作业只包括学生上课时未完成的作业。此外今年我不会再正式布置作业。研究无法证明家庭作业能够提高学生成绩。我希望大家利用晚上时间，帮孩子从事一些经研究证明有助于他们成功的活动，如一家人一起吃晚饭，一起读书，在外玩耍，让孩子早点睡觉。”

萨曼莎发出此贴后，被病毒式传播，至本文发稿时为止，已经被分享了 7 万多次。诸多大媒体也报道了此事。得知此事后，我采访了布兰迪·杨，得克萨斯高得雷小学二年级的老师。

我问这么极端的政策，学校是否支持。杨老师说：“在高得雷，行政领导信任老师。鼓励老师创新，并根据孩子的利益做出相应决定。”她所在的小镇高得雷位处沃思堡（Fort Worth）南边，人口才一千人。和其他得州学区一样，高得雷学区是独立学区，只要当地行政和教学人员能形成一致意见，他们采用什么教学手段，他人是无法干涉的，这是得州常有教育新闻的原因之一。

那么她说的研究到底是指什么？“我暑假做了很多关于家庭作业的研究。有的研究称数量合理、内容有意义的家庭作业对中学生有益处。但是，我所读的大部分研究都称尚且年幼的小学生做不做作业，成绩并无差异。他们的时间可以用在更好的地方。”到底是什么地方呢？杨老师称：“我希望我的学生把额外的时间用来和家人相处，训练自己全面发展，成为快乐、健康、平衡的个体。”

我问杨老师，家长对她的新政策反馈如何，她表示“家长们很激动，除了正面反馈，我还没听到别的声音。”从这些报道和帖子的反馈上看，当然，有一些读者持不同意见，认为这么做，不过是老师偷懒，不想改作业。或是认为这样下去，小孩会变蠢。但是大部分家长对这个“政策”叫好。我也曾记得我的一位美国同事告诉我他极其反感家庭作业，“学习是在学校里完成的事。”在媒体的报道后，对此政策持表扬态度的家长表示：“这个主意我超喜欢，如今的孩子忙着做作业，童年都没了。”“我读书的时候有这政策就好了。”“我孙子是一位优等生，每天回家居然要做两个小时作业，这简直疯了！”“小孩子最为重要的是睡觉。”“孩子们需要松弛，家庭也需要有在一起的时间。”还有一位家长表示：“孩子上学的时候精力最为旺盛，感觉最好，回来却还让他们做几个小时作业。家还会像个家吗？”

其实，美国学校并不像传闻的那样没有作业。事实上，我们孩子回家之后都有一些作业，有时候做得也很晚。他们回家还要吃饭、练琴等，时间一晃就没了。2012 年，印第安纳大学、弗吉尼亚大学和澳门大学的学者在对 1990 年至 2002 年间学生进行调查后发现，作业和学生学习、知识积累并无直接关联，只是对标准化考试的应试有好处。

但是我个人对于作业过多的反感，和这些研究倒没有什么关系。更应该考虑的常识是，每一天的生活都得有合理的节奏，有张有弛。这道理很多家长都懂，但是神经质似的恐慌，让他们不肯去实践。孩子们八点多到学校，一节课接着一节课，课间没有任何休息，从教室到教室一溜小跑，比我们这些上班的人不知累多少。如果回家，继续让其做大量作业，脑子始终无法松弛下来，容易形成倦怠和厌学。更为可怕的做法是，重复学校里已有的练习，反复操练，缺乏目标感，这样的操练，能把好学生都学傻。作业过多，耽误了孩子的休息、锻炼时间。著名发展生物学家、生物工程教授约翰 · 梅迪纳（John Medina）在《让大脑自由》中提出的第一条法则就是“运动增加思维能力”（“Exercise boosts brain power”），第七条法则是“睡得香才学得好”，这两方面都会和作业争抢时间。作业过多，睡不好，锻炼不好，次日上学无精打采，打瞌睡，课后得花更多时间补课，这会恶性循环。美国家校共治协会和全国教育协会都建议每个年级对应少于年级数 × 10 分钟的作业，比如一年级不超过 10 分钟，二年级不超过 20 分钟，六年级不超过 60 分钟，十二年级不超过 120 分钟。

另外一个考虑，是学习活动的差异化和多元化。晚上在家的活动，应该和学校有所区别。充足的锻炼和良好的休息是必不可少的。在智力活动方面，可让孩子阅读一些闲书。或者从事一些带着问题去学习的活动，包括解决实际问题，做一些比较复杂的家务等。让孩子什么也不管，一心只去学功课的家庭，是没有给孩子提供足够的培养。说句不好听的话，一个除了读书啥也不让孩子做的家庭，也是缺乏家教的原生家庭。这些缺失的功课，以后都要在职场、婚姻里还的。

在得州，学生课后对“学习”抓得不是太紧。有很多学生从事体育锻炼，参加各种赛事。他们还有各种培养“领导力”的活动。得州人这方面的松弛常被其他地方人嘲笑。不过谁笑在最后呢？或许学生成绩不一定怎么样，可是看其人生成效，方知这些人后劲十足。得州政客在美国政坛有举足轻重的影响。在科技上，航空航天领域一有问题，我们就会听到熟悉的声音：“休斯顿，我们遇到问题了。”奥斯汀在成为新的硅谷。在 2016 年奥运会上，如果得州能单独计算的话，其金牌总数为 26 枚，与中国并列第三。

有读者表示，你在其小时候压迫孩子一天到晚做无意义的重复作业，以后他们就只会找份四平八稳的差事，听老板安排，日复一日做一些意义有限的重复琐碎的工作。未来不会是他们的。

家务训练

当今儿童四体不勤、五谷不分乃是普遍现象。不从事任何劳动的孩子，长大以后缺乏自立精神、自理能力，影响以后的工作和家庭关系，甚至会有人身安全方面的危险。若多从事力所能及的劳动，力气大一些，如遇到危险，在救兵到来之前，好歹抵挡一下，有时候人就会因为这样一点小的差异，保住自己的性命。这些年，家长只顾学生头脑开发，对身体根本无所谓，甚至认为任何涉及体力的事情，包括家务，完全都是父母、孩子以后的配偶、保姆做的。和小脚妇人时代一样，纯粹是以弱为强，以曲为直，以丑为美了。

2015 年，教育部联合多家部门，引发《关于加强中小学劳动教育的意见》，鼓励开展家政、烹饪、手工、园艺等课程，学校还可安排劳动方面的家庭作业，比如布置洗碗、洗衣、扫地等学生力所能及的家务。我为这种重新重视劳动的倾向喝彩。在方法上，我觉得这些教育，不应该由学校负责。学校很难布置家务方面的作业。家长不去配合，什么作业都是落空。让孩子多做一些家务的责任，应该落实到家长身上。首先家长态度就应该端正，不应该好逸恶劳，以懒惰为荣。人活着不能对他人有所贡献，千方百计少做一些多得一些，这种人生观是可耻的。

美国为了避免让孩子陷入美国现在比较普遍的“福利文化”（entitlement culture）——觉得什么都可以不劳而获从他人身上或是从社会获取——家教良好的人家，在这方面有严格训练。孩子需要在不同年龄段，从事与年龄相称的家务。为了证明这不是我自己的瞎想，我就“你让孩子做家务吗？如何奖惩？”的问题，在网上随机调查了一下我的朋友和同事——他们多为受过良好教育的中产家庭。我发觉，几乎所有家庭都有鼓励孩子做家务的办法。例如：

- 约翰（社会学教授）：孩子必须在家完成打扫卫生，将垃圾拿出等任务。
- 玛莎（小学老师）：我们每周让他们做家务，并给一些零花钱。如果没有及时完成，我会不让其玩游戏，拿走其手机等。
- 特雷（英文系教授）：我的孩子还小，还没有到这地步，但是有一本书，叫《别打死那条狗》（*Don't Shoot the Dog*），就是告诉我们如何使用行为心理学的方法，去解决这类问题。
- 丽娅（小学图书馆员）：你得看什么方法对你的孩子管用。我的办法是告诉他们，等他们完成了某某工作，大家才可以去做他们喜欢的某些事，如去游泳，逛商店等，这会激励他们的参与，家长也开心。
- 谢莉斯（心理学系教授）：我一般不为家务给零花钱，但是我丈夫有时候会。我通常给他们一个时间范围，让其完成某件事，如果不能完成，则不让其参与下一个活动（比如和朋友出去玩耍）。我还发觉，如果我把家务的清单明确地列出来，比如房间的收拾、吸尘、卫生间清洁等，这样也能较好完成。我有明确的时间规定，比如是每一周一次还是两周一次等。

- 弗兰（建筑师）：我妈妈过去给钱让我们收拾房子，每个房间明码标价。她给的“工资”不错，不过她也检查我们的工作质量。她有一个家务的账本。我做了事会登记上去。等我要钱的时候，我会从上面去取。不过我们自己的房间收拾，洗自己的衣服，她是不付钱的。我们每周轮流一天做饭。
- 基恩（圣经教授）：我告诉孩子，让他们给家里做一些事情，是对他们生活技能的一项训练，不是为了惩罚，也不是为了自己偷懒。另外我反对通过唠叨的方法来让孩子做事，而是设法让其体会到品尝自己劳动成果的乐趣。比如我问孩子们他们分别喜欢吃什么馅饼，其中大女儿说喜欢吃苹果馅饼，我就让她学着做，这样她自己学会了就不用求人。我设法让每个孩子都有一定的自主权，让他们感觉这件事他们有控制权。比如我让他们每周都清洁自己的房间，彻底清洁一次，得符合我的标准，但是是哪一天清洁，还是每一天都清洁，则由他们做主，我不细问。很多家庭还列出表格，明确要求。

总结下来，美国家庭让孩子做家务的方法包括：

一、物质奖励。比如用家务换零花钱。这种做法极其有争议性，有利有弊。有利的地方，是你用物质奖励让孩子知道什么行为是被你认可。小孩可以借此形成不劳则无获的意识。另外，小孩也需要一些零花钱，家长卡得太紧，会限制以后财务管理能力。从这些方面来看，用家务换零花钱的办法，也不是有些人想象的那样完全不可取，关键还是看家长怎么引导。比如我上面说的一些朋友，基本上都是一些孩子必须做的事情（保持自己房间整洁），是不给零花钱的。他们往往是说，一些特殊项目，比如洗窗户，或是家里“公共场所”的清洁，则与零花钱挂钩。另外，如弗兰说的那样，要想用家务换零钱的办法来鼓励劳动意识，就最好不要让孩子需要钱的时候才找你要家务，而是设立一个账户，形成一定的延缓效应，这对于理财的训练更好。斯坦福大学曾做过一著名的棉花糖实验：小孩可以立刻拿棉花糖，但是如果愿意等上一会儿（比如十五分钟），实验者会给更多的棉花糖，或是其他的奖励。结果跟踪研究发现，愿意等待的孩子，日后无论成绩还是其他方面的人生成效，都远远胜过当初不愿意等待的孩子。建立账户，可以在一定程度上培养小孩的延缓满足的习惯。

二、行为奖惩。有些家庭在行为和结果之间建立关联，借此鼓励小孩从事家务活动。比如丽娅说的做完了家务才可以去逛商场、游泳，谢莉斯说的完成了家务才可以和朋友去玩，属于行为主义说的正向巩固（positive reinforcement）。而有家长的做法是，孩子不完成某事，就剥夺他的“privilege”。所谓 privilege，就是孩子享受的一些并非其权利的东西：吃喝住行这都是他们的权利，是必需的，而玩游戏、给他们手机，则属于“特权”（privilege）。孩子没有做什么事，就把这些特权拿走，这也是良好训练，属于“反向巩固”（negative reinforcement ），同样可以雕塑孩子热爱劳动的行为。

三、内在激励。2015 年，布朗大学的一份简报中指出，美国现在越来越多的大人，回到家里感觉的压力和负担远超过工作场所，因为家务的分担，是很多成人的压力源，也是很多矛盾的触发点。目前，关于家务的一切，有着太多负面的内涵。该作者则强调向家务寻找其正面内涵。家长的侧重点，理应把家务劳动，向着“照顾家人”的方向去引导，而不仅仅视其为差事和负担。换言之，让孩子做家务，是让其有意识地去照顾自己，也通过分担家人的家务，关心、照顾他们。这种做法，是尽量去利用孩子的人性优点来做事，强化他们内心激励。按照这种思路，应该在孩子完成家务之后，感谢、鼓励他们对父母、兄弟姐妹的关心和照料。“谢谢你帮妈妈完成了这事！”“你的地拖得好干净！”千万不要在孩子完成某件事之后，吹毛求疵，说这不好那不好，这会形成一种精神惩罚，让孩子认为不作为可能还简单一些。另外一种内在激励，是尽量一家人一起完成家务，甚至在做家务的时候打开音乐，让其变成非常快乐的家庭活动。

上面说的都是美国的一些情况，其实中国过去岂不也是这个传统？如今一些糊涂父母，号称“富养”孩子，而良好家教的大户人家却未必是在这么做。“中兴名臣”曾国藩就极力主张家族子弟热爱劳动。他给家人留下了八字诀：“书蔬鱼猪早扫考宝”。他的家书中屡屡有这样的教导：“家中种蔬一事，千万不可怠忽。屋门首塘中养鱼，亦有一种生机，养猪亦内政之要者。下首台上新竹，过伏天后有枯者否？此四者可以觇人家兴衰气象。”“军兴以来，每见人有一材一技，能耐艰苦者，无不见用于人……其绝无材技，不惯作劳者，皆唾弃于时，饥冻就毙。”若一般的家底，却富养孩子，让其好逸恶劳，则是对儿女未来的极大破坏。

现在孩子学习负担都很重，再让他们做家务，会不会增加其负担呢？如果父母处理得当，适当的劳动，会让孩子紧张的大脑得到调剂，做做家务出出汗，身体得到锻炼，是让他们当下就可以获益的。至于远期收益则更不胜枚举。《华尔街日报》上有文章指出，让孩子做家务，对于其学习、情感甚至职业发展都大有裨益（Wallace, 2015）。家务劳动，尤其是一些复杂家务上，比如烹饪，可开发儿童的一些身体协调能力，强化他们的观察能力，激发他们解决问题的能力和创意。家务也可以拉近我们和家人之间的关系：一个自理能力强、甚至能照顾他人的孩子，成人之后人际关系会更为和谐，职场上更受欢迎，婚姻更幸福。这已经是目前学界的共识。这么好的训练，家长理应争先恐后才是，何劳政府部门来接手？

睡眠与学习

《赫芬顿邮报》创办人阿里安娜·赫芬顿（Arianna Huffington）在一次 TED 演讲中，告诉全场观众（多为杰出女性）多睡，“一路睡到顶”（Sleep your way to the top）。这个常指性贿赂的说法，被她巧妙地改成提高人生成效的好办法。她说的是高质量的睡眠。赫芬顿这一短短的演说中，嘲讽了那些以缺睡为荣的虚荣男性。确实，这个世界上从不缺吃不好、睡不好、忙个不完但不见有什么成效的“华威先生”。赫芬顿称，男人就是因为连轴转，所以决策失误频频。雷曼兄弟破产了，如果是善于平衡作息的女性，比如所谓“雷曼姐妹”，情况兴许完全不同。

不论男女，成年人缺睡，都会影响注意力和精力，导致工作低效或失误，这个问题在男女当中同样存在。良好的睡眠对于未成年人更关键。在出生后的相当长一段时间，睡眠是否充足，直接影响到儿童的身体发育，尤其是大脑的发育。上了中小学后，孩子如果缺乏足够的睡眠，会影响到学习。加州大学伯克利分校的著名心理学家艾莉森·哥普尼克（Alison Gopnik）对于睡眠等非典型手段实现成功的学习很有研究，著述颇丰。她曾在《华尔街日报》上撰文，要人“像婴儿那样睡眠和学习”。

睡眠和学习的相关性，脑科学和心理学领域有不少实证研究，从中我们发现，睡眠对于记忆影响非常大。睡前看的东西，不少会被大脑“锁定”，对于长期记忆效果更佳。这种发现，有的已经进入了实践应用。科学新闻网的一篇报道称，人在创伤性事件后，不应立刻去睡觉，否则脑子会把痛苦记得更深刻，这种做法，在悲剧性事件后的心理咨询中已经开始使用。也有科学家对睡眠和具体学习领域有所研究，比如良好睡眠对动手能力、记忆、音乐学习的积极作用。

除了“记忆”这种技能之外，睡眠和创意等“高端技能”的关系，也引起了不少人的关注。有时候人对于一个事情关注过久，答案会藏起来，让脑子放松一下，反而能“妙手偶得”一些答案。欧阳修说他读书，是靠“马上、枕上、厕上”这些放松的时候。一些创意的产生，也来自于这些放松的时光，包括睡觉时的“枕上”。元素周期表来自门捷列夫在梦中得到的启发，谷歌的发明，创意最初也来自梦境。梦里启发的科学成果据说还有缝纫机、胰岛素、X 光等。

大部分关于睡眠和学习的研究，是在睡眠质量和学习效果之间建立关联。研究者多为认知科学和心理学界的一些学者，他们的研究大部分是定量研究，有一定的局限，研究范畴狭隘。有不少不太容易被研究者关注，或者说无法量化的关系，如睡眠和精力、睡眠和性格、睡眠和家庭关系，也一样值得关注，却常被研究忽略。这些方面存在的问题，却是我们在日常生活中随处可见的，例如，睡眠习惯和时间管理休戚相关。儿童往往并不能对身体的疲倦有敏感认知，身体累了脑子还活跃。疲倦时会拖延做其他的事情，比如洗澡。越是拖延，就越累，恶性循环，最终精疲力尽，影响次日学习，也影响大人的工作。缺少睡眠使人注意力难以集中，做事和学习效率低下。缺睡导致的疲倦，也让人脾气急躁，影响和周围人的关系和整体生活质量。

睡眠的习惯贯穿于人的一生。人年轻的时候睡不够，到了老年阶段，往往睡不着。这时候学习的好习惯开始“反哺”睡眠。我女儿的一个音乐老师说她教了一辈子音乐，观察到注意力不够长的人，学音乐也难学好。她鼓励学音乐的人看书。她说她自己每天晚上不看书不能睡觉。这个习惯很多美国人都有。他们小的时候，父母在他们睡觉之前会和他们一起看书，或是念着书让他们入睡——这几乎是一个伟大的美国传统。借着这个传统养成睡前读书学习的习惯，一生都会坚持下去。

良好睡眠的好习惯，再强调也不过。问题是对家长来说，怎样才能够养成比较良好的睡眠习惯，让孩子好好学习呢？

打破忙碌的体面幻觉。改变的第一步，是打破一些关于成功和重要的陈腐观念。不要以为忙忙碌碌就是成功和体面。用更少的时间，做同样的事，或更多的事，还能留出些时间休息，玩耍，这才是真功夫。怎样改进这种效率呢？睿智的取舍至关重要。对家长来说，不要给小孩一天规划太多“课外”的事情，他们学校的功课已经够忙的了。另外，小孩贪玩是天性。安排给他们的“功课”太多，他们没时间玩耍，怎么办？他们就尽量减少睡眠。家长应该帮着他们学着规划，养成良好的时间管理的习惯。这种好习惯他们自己会受用终生。

为我们的休息做预算。俄克拉荷马州在20世纪30年代频刮沙尘暴，原因就是因为土地一直用重型农业机械连年耕作，土地没有休息，土质疏松，风一吹就成了沙尘暴天气。无数中部大平原的人因此迁移。罗斯福政府后来通过法律手段，让农民改变耕作习惯，包括让土地“休耕”，此后沙尘暴问题得到了解决。缺乏休息而使用过度的大脑，会和缺少休耕的大地一样，产生头脑的“沙尘暴”，让人昏聩，成效低下。很多宗教（比如基督教、犹太教）都有守“安息日”的规定，比如在星期天（安息日）的时候不去工作。美国很多商家星期天不营业，目的是让员工能守安息日规定。很多人不能闲下来，闲下来觉得内疚，或是怕人笑话自己是个“闲人”。人应该享受劳作之余充分休息（包括睡眠）的乐趣，不为之感到内疚或丢人。这种休息的时间应该有所规划，比如星期天不让孩子做任何事，让他们尽量休息，或是玩耍。玩得不痛快，歇得不充分，恐怕学得也不会踏实。

保证充足的睡眠时间。每天八小时的常规说法还是可以奉行的。需要指出的是，睡眠更重要的是规律性，而不是时间总量。比如一周每天都缺睡，靠周末来补，一周的总量貌似是达到了，但是这样也会把生物钟打乱，反而有害。中国小孩晚上做很多作业，晚上十一二点睡觉的很多。美国稍好一些，但是家长抱怨也很多。大部分公立学校小孩上学有校车接送，为了把高中、初中和小学校车错开，且避开上班高峰期，一些学生上学时间非常早。好在很多美国家长很注重儿童的充足睡眠。不少美国家庭，家中较小的孩子睡觉时间都是八点钟左右，最迟也不过九点来钟。我去过一些美国家庭做客，发现家长对儿童睡眠非常关注，把孩子早点入睡当很大的事情来抓。如果孩子们早睡，他们自己还没睡，他们在屋子里走动轻手轻脚，关门的时候小心翼翼，不出一点声音，也不大声说话，以免吵醒刚刚入睡的孩子。这种安静的环境，可以说是越来越难找。环境喧嚣更是让人心情烦躁。去年，广场舞由于噪音扰民，就成了一个“公害”。高考期间，甚至有家长下毒杀死附近池塘的青蛙。这种做法颇为极端。我想家长更应关注孩子们平时有没有安静的学习环境，让其学习卓有成效，而不是临时抱佛脚，考试的时候才来找静。我也希望中国针对噪音污染立法，通过法律途径解决噪音扰民的问题，而不是让老百姓因为这个问题相互攻击。

协调好全家作息规律。让孩子早点入睡，多睡一点，不仅有利于他们的学习，大人也多出一两个小时时间，自己来看看电影电视，看看书，放松放松。一个家庭有着良好的作息习惯，会让全家人身心健康。家长需要制定好睡觉的时间，并严格执行。我发现，如果家里有两个以上孩子，一个早点睡，一个迟点睡，迟睡的孩子开门关门、放水洗澡等各种声音，都会影响早点睡觉的孩子，使其不能沉睡。最好一个家庭能把需要全家互动，或者产生噪音源、影响他人休息的活动，安排在早些时候。而把可以安静做的事情，比如读书，放在睡觉之前。另外家庭活动处所也应有所区分，减少不必要的互相干扰。若房子大一些，可安排在不同的房间从事不同活动，比如在卧室看电视，不要影响孩子。让孩子休息好，未必意味着大人就一定要牺牲自己必要的消遣，但是一些小小的办法，可以达到两全其美的效果。比如家里空间有限，孩子在睡觉，大人在看电视，可考虑买一个无线的耳机，自己能享受，又不影响他人。

恢复午睡的习惯。如果有条件，一些学校不妨恢复午睡的制度。我发现，哪怕能睡五分钟，整个人一下午精力就完全不一样，这种"投入"实在太划算。美国有研究证明，幼年和童年期间，午睡习惯能提高学习效果。我们小时候午睡可是学校里面要求的。在西弗吉尼亚的时候，我儿子上的私立托儿所，每天午饭之后也有一段午睡时间。但是有这种做法的学校不多，至少在美国，它是例外而非常规。去年，我为了撰写一篇关于学习时间的文章查阅文献，发现很多相关文章来自西班牙的学者。这也不是凑巧——西班牙仍保存有午睡（siesta）的习惯。由于学习的绝对时间缩短，学者在研究学习方法的时候，在学习时机和时间问题上可谓精雕细琢，和日本的空间狭小，造就了一批"断舍离"的收纳专家一样。

复古分段睡觉的方法。今天这种八小时睡觉的习惯，是因为我们晚间有便利且便宜的照明，我们可以人为控制什么时候睡觉。这种作息，是工业革命之后才有的。在中世纪，电灯还没有发明，很多地方睡觉是分段的。晚上天黑之后就睡觉，半夜或者一点的时候起床一两个小时。这一两个小时，有的人用来串门，有的人祈祷，也有学者和诗人这个时间创作。我现在自己也考虑使用这种方法。过去我晚上十二点睡觉，现在尝试八九点睡一下，十一点醒来，利用这个时间写点东西，或者看看书，到一点钟再去睡觉直到第二天早晨。

需要指出的是，我自己在睡眠方面并没有处理好，甚至说教训很多，非常苦恼。以上想法，是“吃一堑长一智”。我做过不少翻译，一向“五行缺睡”。迫于生计，白天要上班，回到家里，得等孩子入睡后或起床前起早摸黑。开夜车做事，难免最后昏昏欲睡，翻译出错。若校对不小心，编辑也没注意，就可能成问题了。同时，家庭里面，不良作息让我们所有人都疲惫不堪，可是我的一些想法也因种种原因无法落实，只能慢慢地来，同时指望“易子相教”，这些道理，或是我理想中的状况，或许让其他家庭看了，从中受益。我们自己会继续寻求改进之道。

包括赫芬顿这样的精英女性，通过报纸、TED 演说等渠道，说起睡眠问题，把睡眠这种生活习惯变作热门话题，为什么？我想是因为大家太“忙”了，都缺睡。可是这种忙，如赫芬顿所言，未必都是真忙，而是分散注意力的东西太多：社交网络、手机、电脑。工业革命之后，随手开启的电灯蚕食了一些睡眠。在网络时代，无处不在的网络又蚕食了一些，使得这些平常的习惯，成了全社会的问题。过去我们说“夜长梦多”是贬义词。可是，我已经很长时间，没听两个孩子说过自己的任何梦了。夜不够长，觉不够足，哪里还有梦？梦被瞎忙的现代人拆了。我们应行动起来，把美好的梦乡还给他们。

打工与学习

一位过去的美国同事，夫人身体不好，要钱治疗，两个孩子分别上小学和初中。工作之余，他常在脸书网上发广告，问哪家需要割草。一到周末，他就和十几岁的儿子“出征”，去帮人家割草补贴家用。别的爸妈在晒娃晒菜晒幸福，他晒自己和孩子割草后的浑身灰土，却频被朋友夸奖。

几个星期前，他们单位机构调整，他所在部门遭撤，他下了岗。几近断炊之际，儿子说，要不你把我割草的钱拿出来吧。又有一次，我看到他的帖子上说，女儿拿出自己的零花钱，说要给全家请客，请大家吃早饭。这样的消息，看得我鼻子发酸。多懂事的孩子啊。祸福焉知，我相信他们能闯过难关，跌倒后再爬起，雪尽后看梅花。而孩子经此历练，会多生同情，会更关心体贴他人。一粥一饭，当思来之不易的感悟，在娇生惯养的家庭，难以成就。一家人一起做事，同甘共苦，相互扶持，这才是幸福的家庭。

我女儿也曾主动说，等她足龄了，也去打工。她想自己挣一点大学学费。美国大学学费昂贵，一些好大学要一年五六万美元。普通人家没有这么多钱，学费往往是父母付三分之一，自己挣三分之一，贷款三分之一。我们做父母的自然要发奋努力，但需求未卜，不确定因素太多，未必都能称心如意。女儿看到同龄孩子中，很多去附近商场打点工挣学费。同学之间在讨论这些，有的可能在实践，她觉得很好。孩子懂事，我为之自豪。她妈担忧，说十三四岁的孩子，应让她快快乐乐。这个用心也是好的，也是为孩子负责。只不过我觉得在普通人家，养儿育女最大的悲催，是条件一般，非要“富养”，让孩子既没有成长所需的物质丰盛，也没有对待生活的预备充足，未来搞不好由奢入俭，甘尽苦来。现在反而是一些条件一般的人家，把孩子呵护起来，弱化其能力。而衣食不愁的姜文，据说反把孩子送往新疆阿克苏的贫瘠之地，让其体验艰苦，成长得更皮实更坚强。这不同的家教意识和教育方式，会让二代们的差距越来越大。

孩子想暑期打工，缓解经济压力，也可助益成长。我想我们家长不让孩子从事力所能及的事，让其一心学习，也属鼠目寸光。身体锻炼、劳作习惯、敬业精神以及同情与关爱，纸上得来终觉浅，学校也不会用心教导。这些技能和态度，家人是教练也是向导，家人不教谁会教？这类品质综合起来，就是个人的家教，家庭的家风。

孩子们通过做事，靠双手开拓空间。有了第一步，后面第二步、第三步才不至害怕，千里之行也才有可能。去做点事、吃点苦、受点累，知道自己能够担当，未来的挑战才不那么可怕。若什么都不让孩子去做，都指望未来配偶，那在未来的婚姻里，他们会把老公当劳工使，老婆当老婆子使，生活质量可想而知。不愿做事，不会做事，视动手为畏途，就只能依赖他人。期望生失望，失望生矛盾。自己动手解决问题，生活更为顺畅。遇大事小事，能自己动手，不仰人鼻息，人活得更舒展。

在实习和工作上，我们中式家长还有一个特点，什么都往教育和智商开发上靠。让孩子做事，一定讲究“高大上”的脑力劳动，什么都和头脑有点关联，不屑于动手的劳动。有一年暑假，奥巴马15岁的女儿在马萨诸塞州沿海一个小岛上的南希餐厅做暑期工，端盘子点菜什么都干。后来被媒体发现曝光，有安全顾虑才停止。“第一女儿”要实习，要安排给公司或事业单位做个闲职，人家抢着要，奥巴马家让她去餐厅工作。这是为什么？

一些简单工作，在青少年阶段更好找一些，也更合适。若技能需求简单，孩子不会一开始就充满挫折。另外，孩子们会借助这些事，接触到三教九流，丰富自己的人生体验。去找“白领”工作，如律师楼，遇到的可能只是特定的、单一的人群，眼界反受局限，也更乏味。我常在附近超市，看到打工的高中生。他们一般是帮顾客推推车，大家出于感谢，一般会和他们聊聊天。你永远不知道来买菜的是什么人，都有什么样的故事。如果你去一个写字楼上班，除了让你复印之外，余下的时间可能是坐那里发呆，最终一无所获。

青少年处在学习阶段，用脑过度，业余做点简单的动手的事，是对繁重脑力劳动的调剂，有益身心健康。人除了脑子外，还长有手脚和内心，我们不能把孩子调教为四肢细弱，心灵空洞的大头娃娃。在家或假期，不妨训练孩子和学校所学不同的技能，或索性做一些对身体有所训练，但让头脑有所放松的事，这样二者互为调剂。孩子们做这些事，身体劳作头脑放松，回去学习会生龙活虎。

也不是所有的工作都必须跟教育有关。让人有不一样的生活体验，有和学校不一样的经历，能放松，能锻炼，能调节。上学期间挣点钱，减轻未来负担，也不是坏事。读书时密集地头悬梁锥刺股，毕业时集中地承受工作负担，会影响日后成效的。

天将降大任于斯人也，必先苦其心志，劳其筋骨。做得小事的人才能做得大事。里根的第一份工作是救生员。奥巴马的第一份工作是在夏威夷卖冰淇淋。美国社交媒体上曾经流行过一个游戏，让人晒“我最早的七份工作”[①]。不少名人也参与了这个游戏。我看很多人一开始的工作都是就地取材的简单工作。著名脱口秀主持人斯蒂芬·科尔伯特（Stephen Colbert）的前七份工作是：建筑工、食堂服务员助理、食堂服务员、图书馆打字员、床框制作工、床垫销售员、餐厅服务员。别以为主持人技术含量不高，才什么工作都做。宇航员巴兹·奥尔德林（Buzz Aldrin）的第一份工作竟然是洗碗工，他还做过夏令营辅导员。后来的他，是阿波罗 11 号的宇航员之一，也是最早两个登上月球并在上面漫步的人之一。真可谓可下厨房洗碗，可上九天揽月。我们中国家长，是不是也该警醒了？

① 可用话题标签去社交网站搜索。

拓展学习空间

美国四个孩子的妈妈、作者贝思·贝瑞（Beth Berry）在分析美国妈妈的焦虑时说：做父母这么累，是因为村庄（village）没有了。她的《没有了村庄，妈妈最难》一文，在社交媒体上被纷纷传播，让很多父母读得泪流满面。文中她说，人们常说："养育孩子需要一个村庄"，现在村庄没了，单靠父母扛起传统村落的职能，如何不累？如何不焦虑？

"养育孩子需要一个村庄"一说，原为非洲谚语，但使其真正广为人知的，是希拉里·克林顿。希拉里的教育理念，还是挺出色的。她写了《教育要一个村庄》一书，非常畅销。她读的语音版甚至让她获得了格莱美奖。

为什么希拉里不说"养育孩子需要一个城镇"？说到村，我首先想到的是中国的村庄。我一直觉得童年在这样的村庄长大，有艰苦的过程，但在某种意义上也是人生资源。由于经历的盲点，和多年城乡差别的灌输，这话说出去不一定有人相信，但村庄是有一些先天优势的。除了能够接触大自然外，人和人的距离比较近。过去，去河里洗衣，去井边打水，在老槐树下唠嗑，在田间地头休憩，这些都是现实中的天然的“朋友圈”。“凡有井水处，皆能歌柳词”一说，也说明村庄的一些天然聚会场所，传播着从流行音乐、家长里短到社会见闻的各种东西。

网络的发达，让我们在“知道”上，远胜过去的河畔和井边。不过，儿童需要的不仅是家长知道什么，他们也要在现实中有玩伴，能一起自由自在地玩要。在村庄，孩子们的活动空间很大，周遭就是大自然。小朋友之间还可以跑到一起，一起出去玩要，没有城里孩子那么多顾忌。

不过贝瑞说的村还不止这些。什么是村呢？她解释说：“相对小的人群，几辈子居住在一起的社区。大家相互熟悉，日常生活的喜怒哀乐相互承担，需要的时候相互扶助，到处奔跑的孩子们大家相互照料。”这也包括过去那种邻里之间相互熟悉、相互帮衬的城市、镇、城乡结合部等。“村”是一个广义的概念。

在教育界，大家非常强调“学习空间”。空间的设计越来越多强调协作，让人和人碰撞在一起。为什么要这么强调？因为技术（如电视、自来水），把人和人收缩到了各自的家里。另外社会流动性增强了，人们居住环境中陌生人多了。当一个地方的陌生人远多于熟人的时候，人们的警惕性就会提高，没有熟人多的社区提供的那种安全感——当然后者也有诸多弊病，尤其是成年之后。这是别的话题，我们改日再说。对陌生人的恐惧，进一步增加了家长的焦虑，使得他们越来越多地把孩子关在家里，而不是出去欢乐地玩要。过去那种村的概念不复存在，相互隔绝成为常态。同时，村庄同样面临凋敝，孩子也少了。

由于缺乏了村庄，与村庄生活形态对应的相互支持体系，如今家长已无法再享有，于是大家选择了把所有担子都自己扛。电影《楚门的世界》（*The Truman Show*）里，楚门生活在一个导演精心设计的封闭世界里，自己浑然不觉，这里有人造的大海、太阳、工作单位、邻居。现在好多家长就生活在“楚门的世界”里，唯一不同的是，这个小世界大家得自编自导自演。一些中产家庭尤其是这样，不满足于大环境，于是以一己之力，给孩子另造一个教育空间，还可能面临外界的排挤（包括自助教学机构被取缔），以及其他家长的质疑和论断。

这个问题怎么破？我看了贝瑞的建议很受启发，她建议“明确一件事：我们的挣扎不反映我们的不足，而是我们的文化环境不正常”。她要家长“承认、重视自己的需要”，“发挥自己的长处”。我最喜欢的两点建议：一是“接受自己的脆弱”（Practice vulnerability）。脆弱（vulnerability）是被社会学者布热涅·布朗（Brené Brown）推广的一个概念。这个概念要人坦然接受、甚至坦白自己的不足，做一个真实的人，不要处处逞能逞强，认为一切都在自己掌握之下。若能这样，我们很多不必要的压力会自然挥发。与之相反，一个自我感觉糟糕的人，会踩着别人抬升自己的自尊，在人前处处宣示自己的成功。能接受、暴露自己的脆弱，是健康心态的一个表现。

贝瑞的另外一个建议，直译为“做某项事（事业）不可或缺的一部分”（Be an integral part of something），对此处的“某项事”我赋予了两层意思。一是寻找更大的意义，不要把带孩子、培养下一代当成自己生活的所有。也不要只顾自己的孩子，帮帮其他人的孩子，“幼吾幼以及人之幼”，也是个人价值的实现。另外一层意思是“多些参与外在活动”。比如她说美国有一些针织俱乐部、舞蹈团、教会、划艇俱乐部、在家上学互助组等组织可以参加，这让人们在特定社区里得到成长。人成长中的学习，远大于正规教育，对正规教育“抓”得越狠，“村”的职能就越可能萎缩。而学习者需要能自由自在伸伸胳膊伸伸腿的成长空间。

传统意义上的村的失落，或许无可挽回，但解决办法不是没有。现在教育机构、教育活动、家长圈也多如牛毛，这也是新时代一个个新的村落。美国的很多家长已经有很多行动，重新让孩子们“村”起来。比如童子军的活动，让孩子们走家串户筹款，去户外野营，一起去公园和社区，从事各种服务项目。在漫长的暑假，孩子们参加各种夏令营活动，吃住在一起，这也是短暂的“村庄”。我还发现，孩子们现在太宅，不愿意去户外，如果几家约了一起出去，让孩子们有一些玩伴，则情况大为不同。家长如果动动脑筋，应该有更多办法。大家该走出家庭、学校、单位的狭隘环境，找到属于自己的村落了。以全“村”之力，易子相教，家长之间取长补短，这是针对教育焦虑症的治本良药。

户外的教育

诗人 T.S. 艾略特、作家马克·吐温、发明家爱迪生、社会活动家罗斯福夫人、人类学家和灵长类动物学家简·古道尔（Jane Goodall）有什么共同之处？他们都喜爱大自然，并从自然里找到了日后安身立命的根本。《林间最后的小孩》(*Last Child in the Woods*）作者理查德·洛夫（Richard Louv）称，大自然是“诗人的游乐场”——艾略特在密西西比河边长大，经常去河边玩耍。马克·吐温少年时每天下午三点从印刷厂下班，直接去河边钓鱼玩耍。

大自然何只是诗人的游乐场？罗斯福夫人说自己小时候最大的乐趣，是天亮起来，和姑姑去林子里散步。古道尔两岁时，枕头下放着蚯蚓睡觉（请勿效仿）。爱迪生去农场看小鸡孵蛋，心想鸡能孵蛋，他一定也行，于是坐到鹅蛋上想孵出小鹅。一屁股蛋黄蛋白走出来，他的姐姐宽慰他：“都不尝试，谁也学不到什么东西。接着不断尝试，或许有一天，你也会试出点成功的东西来。”

当今社会，女宅男也宅，户外活动少。室内呆久了，注意力不集中，抑郁症狂躁症频发。现在孩子成了“宅童”，在美国，小孩从小生活在汽车座椅、安全高凳和儿童推车里，长大后，在室内时间也多过户外时间。在中国，稍大了一些的宅童们，爸妈只抓数理化音体美。上不见日月星辰，下不管人杰地灵。他们对日本动漫中的卡通人物如数家珍，出了门，连枫树和槐树都分不清。与自然的隔绝，也不只是发达国家的富贵病。像埃塞俄比亚这样的发展中国家，也一样呼吁国民多带孩子出去走动。与自然的隔绝方面，城乡差别也不是很大。我们小时候在乡下长大，要参与各种劳动，也上山放牛、砍柴、挖草药、捡蘑菇、摘野果，下河逮鱼、抓螃蟹、捉黄鳝，在田间地头找酸菜、打猪草、挖蒿草，在山脚渠道边打桐子、捋槐花、挖映山红。这样的回忆，不只是我们这一代人在怀旧中对于童年的浪漫化。按洛夫的说法，这也是健康的教育。

夏末初秋，正是出去野营、远足的好时候，所以《林间最后的小孩》这本书，被放在书店非常显眼的位置。美国户外教育发达。在俄克拉荷马的时候我还让儿子参加过童子军。童子军要去户外野营，玩弹弓，远足，去动物园夜宿，看夜行动物。这里是美国西部，是过去的“边疆”（frontiers）。美国的发展，是不断开拓边疆的过程。开拓离不开和大自然的亲密接触。只不过现在大家感慨，边疆没有了，人们从户外走向室内。

洛夫在书里说，现在的儿童多患有“自然缺失症”（Nature Deficit Disorder）。他们的成长不接地气。篮球班、橄榄球班、足球班之类活动，属于“有组织的游戏”，他们要花钱，当然这些活动有作用，如培养集体主义精神。不过，无组织无纪律的户外玩耍却越来越多地被丢弃。福克纳的名著《喧哗与骚动》，灵感来自一个小女孩穿着带泥巴的内裤爬到树上的意象。如今，还有几个小女孩会去水沟里玩出一身泥巴？更不要说去爬树了。松散的户外玩耍，容易培养人的想象力和品格。

为什么这种户外玩耍的空间被压缩呢？是钱闹的。现在家长都愿意给孩子花钱。在大自然里的玩耍，通常是免费的。不是家长非要花钱，而是那些吸引孩子和家长的机构，不愿意去推广不要钱、也不会让任何人赚钱的玩耍。玩耍也被商业化了。现在孩子们玩的很多名堂，是被各种机构出于金钱的诱惑打造出来的。

这种情形在改变。越来越多机构开始意识到自然在保健、教育方面的作用。劳里·索普（Laurie Thorp）等人著《大地的诱惑》(*The Pull of the Earth: Participatory Ethnography in the School Garden*）一书，就描述了几个教育者用种植南瓜这种都市园艺活动，改变了一个落后班级的情形。一些医保组织和个人，推荐用园艺活动或是养宠物的办法，帮助康复和疗养。这方面的研究才开始不久，大范围推广尚需时日，但值得有心人去琢磨。很多家长，尤其是我们中国家长，在控制孩子看电视打游戏这些方面卓有成效，却缺乏足够的眼光，把孩子带向其他地方，比如户外。不打游戏省下来的时间，孩子用来练琴练书法做作业，多半还是在室内。

拉孩子出去遛遛，可增强其博物智能，很多学科需要这种智能。缺乏对自然的亲近，不懂自然，不比不认字的文盲更好。人在自然里，心情会更好。宅在屋子里过多的孩子，性格也缺少阳光，容易发病。美国有八百万儿童患有各种精神疾病，最为常见的是注意力缺失和多动症，美国人的做法是常给他们吃各种药，比如抗抑郁的药。药一停，情况更糟糕。《大地的诱惑》的作者建议多用自然疗法。书中举出了大量的实证研究，证明户外活动和亲近自然，能缓解、甚至治愈儿童的注意力缺失和多动症。多去亲近自然，还能让人结识更多朋友。瑞典一项研究对比了能够在户外玩耍的社区和因交通等原因孩子不能在外自由玩耍的社区，结果发现，前一种社区长大的孩子，朋友比后一种社区的孩子多一倍。多不一定就是好，但是关在家里，患上孤独症，是儿童教育领域更为紧迫的问题。

亲近自然的户外活动，也刺激多重感官，把孩子的各种潜能调动出来，激发他们的想象力和创意。户外的很多玩耍对象，为剑桥艺术家西蒙·尼科尔森所称的“散件玩具”（loose-parts toys）。比如泥巴、石子、棍子等玩具（现代乐高玩具也一样），相对于那些装了电池到处跑的玩具成品，组合可能更多。这些玩具和游戏，是开放性的玩具，发挥空间无限。书中用电脑的 0 和 1，表示出组合的无限可能。中国道家也说：“道生一，一生二，二生三，三生万物。”

玩耍的场所也和我们的想象力有关。瑞典、澳大利亚、加拿大、美国多个国家做过实验发现，绿色、自然的玩耍场所，要比水泥地等其他人工的玩耍场所，更能激发儿童的幻想。在创意的培育方面，水泥森林打不过上帝创造的自然森林。

“亲近自然”的办法。有一些是我们大家都可以去做的，比如鼓励儿童去绿地上玩耍，而不是其他的人工场所。即便在缺少自然的大都市，最好多带孩子去动物园、植物园。种一棵树，或是其他植物，负责它的成活和成长。全家度假的时候，选择森林公园这样的地方。当然，大自然是有风险的地方。安全永远是重要的考虑。小到防晒霜，大到去草丛穿高帮鞋子，这都是需要家长关注的地方。有一些地方很自然，但不安全，当然不应该让孩子多去。最好是在大人的陪伴下，一家一起去大自然里。

让孩子们出去玩耍，不仅很多家长勉强，孩子自己也喜欢在室内玩各种电子玩具。这种情况下，可借助同伴的诱惑、集体的力量。不同家庭可以结伴去公园等地散步、玩耍，让孩子们一起去。一些组织和个人，开始了一些极端的做法。此书作者的一个朋友是负责青少年犯罪的律师。这些青少年多半患有多动症，生活在都市。这位名叫丹尼尔·亚巴拉（Daniel Ybarra）的律师，后筹钱建了个教育场所，让孩子们去“上山下乡”。这个学校远离都市，四周人烟稀少，后有森林，前有大海。孩子们在这里心灵受到了净化，气质也变了。不过这个做法需要慎重，太极端或是强迫，容易激发逆反心理，效果适得其反。挪威电影《魔鬼岛之王》，描述了一群问题青少年被拉到一个岛屿上从事劳教的故事。由于管教过于严酷，青少年开始造反。有趣的是，1982 年，这个岛屿上的劳教设施经过改造，现在成了一个用自然疗法治愈问题青少年的模范。

英国寄宿制学校夏山学校的做法也颇类似。夏山学校环境优美，学生们可以在乡间散步，在海岸观光，看电影，听音乐，演戏剧，这让人想起《死亡诗社》。这里有三个 F：自由（freedom）、新鲜空气

（fresh air）、新鲜食物（fresh food）。这三个说法把我们倡导的素质教育诸多要素一网打尽了。这里的教学是体验式教学，学生学做各种手工，含木工、陶艺、服装制作等。正规课程则稍显松散，学生爱上不上，不上未来后果自己担。这做法，把传统学校的正课和兴趣班 180 度大翻转了。

学中做也在夏山受欢迎，木匠工房一直开放。学校的沙发，有的就是学生自己设计的。学生可以一边听同学朗读一边做针线活，听完了自己也会了。从不同毕业生描述的人生轨迹上看，夏山学生毕业后，有很多在创意行业做事，有工艺设计师、音乐人、美工，等等。

夏山学校环境自由，号称“世界上最古老的儿童民主机构”。孩子们有不上课的自由。或许这一点太极端，普通家长和学校接受起来，会消化不良。在当前教育环境下，这么做我也不提倡。但有个做法可以立马借鉴。我们应该给孩子适当自由活动时间，不去打扰。《高效能人士的七个习惯》也要我们学会休养生息，以逸待劳（sharpen the saw）。逼仄环境下的小孩真可怜，远不如我们童年自在。我们小时候，比如放牛、打柴，只要你把任务完成了，别的时间干什么，家长是不管的。而今普通孩子没有片刻安宁。家长和学校存心挤走孩子的所有自发活动空间。孩子一有空闲，赶紧找点别的安排填进去。父母总担心孩子一个人发呆、呆坐、闲逛不好，动不动就去骚扰一下：有没有写完作业？有没有练琴？你呆在那里那么长时间干什么？作为一个大人，如果老板这么聒噪你烦不烦？这么一来，家长、孩子都累死了，而操劳轻则为徒劳，重则为伤害，本来是双方可以避免的。“在夏山，你可以一个人呆在房间、树林、任何地方，没有人来烦你。”老师课上课下和学生之间并无距离，能轻松友好相处。这样的自由，孩子们自然都十分喜欢，有的暑假都不肯回家。甚至有学生读完了书拖了几年不走，需要校长来赶人：“夏山没有什么可以教你的了。”

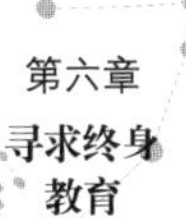

个人化学习

脸书网创始人马克·扎克伯格在女儿出生后，通过写给女儿的公开信，声称将捐出 99% 的脸书网股份，投资于各种公益事业，包括个人化学习（personalized learning）。而今关于学习的时尚不断翻新，如翻转课堂、混合学习、在线教育，慕课等等。为什么扎克伯格偏偏找“个人化学习”入手？

所有的决定，在某种层面上，都是我们个人生活中某种体验的放大。我相信扎克伯格投资个人化学习直接的原因，是他本人尝到了个人化学习的甜头。他自己在哈佛大学，体验过一流的正规化教育，但后来自己学习中文，就大体上是一种非正规化、个人化的学习，属自学成才，成就不凡。按部就班在学校从初级到高级、按照课程进度来学的人，效果不一定有他好。我相信，尝到了个人化学习甜头的他，为女儿这一代人创造新型学习环境，初衷也应该是真诚的。没有一个父亲，不希望把自己成功的经验，传给自己的孩子。光授人以渔还不够，他要造一个不一样的鱼塘。

个人化学习（personalized learning）的概念并不新鲜。在中国，孔子早就提出“因材施教”的概念。在美国，这几十年来的教育改革，多离不开杜威倡导的来自生活、侧重个体的思维。但是几乎在全世界大部分地方，教育都受制于工业化的模式，让年龄类似的学生一批批地进入这个体系，在教育流水生产线上一步步按部就班地往下走，最终测评，合格的“产品”进入市场。

这种模式有内在毛病。孩子学习能力不完全一样。仅因年龄原因，把一群人放在一起学习，让其遵循同样的进度，会让学得快的闷死，学得慢的拖死。学时说明不了什么问题。认为按照同样时间在同样地方学习的人，会有同样的结果，理论上乏味，实践上乏力。各人学习动机、路径、目标、策略，也各有差异。这种差异已经被社会各界意识到，如何解决，则是这些年来教育界一直在探讨的问题。

二战后，美国的教育经历过个人主导学习（self-directed learning）、区异化学习（differentiated learning）、个体化学习（individualized learning）的种种轮回，这些都是个人化学习的前身。它们或区别学习时间（比如分快班慢班），或区别学习路径（比如通过了测试则进入新单元），或区别学习策略（比如依据不同的学习风格运用不同媒体）。它们都是在目标一致的情况下，在手段上花样翻新。

个人化学习是一个更大的概念。在它之下，学习者不但可以使用不同的学习路径、学习时间、学习策略，甚至大家学习的目标都可以不同。传统的学习，就好比家庭餐桌，妈妈做什么孩子吃什么。区隔化学习如同麦当劳，大家可以点一号二号三号餐，搭配薯条和饮料，有了一些不同的选择。个人化学习就好比自助餐，选择更多，大家可以各自去选了。

过去，学习的个人化，就好比生态养殖，与工业化的批量生产相比，成本非常高。有钱人可以请私人老师另当别论，一般人是玩不起的。在公立体系下，老师和教育资源都是有限的，不可能针对每个学习者设计不同的教学方案。折衷的做法是小班教学。班级越小，就越有可能了解学生的长短，调整教学方法，不断趋近因材施教的理想。然而教育置身于社会环境之中，在中国，这几年城市越来越大，农村越来越凋敝，农村中小学由于生源问题多有撤并，使得剩下的学校越来越大班化，与个体化、个性化教学背道而驰。

技术的革新，为学习的大规模定制提供了可能。脸书网深谙此道：它可以搜集用户在网络搜索中关注的一切，及时地定制页面。根据我是一个中国人的数据，在感恩节时就推送中国亲情题材的礼物广告。它也可以根据我分享的宠物照片，动不动给我推送类似的广告、网页、视频。如果商业和个人兴趣可借助大数据的采集和相关的计算法来定制，理论上说，学习也可以这么做。

扎克伯格提出个人化学习时以技术为主导，过于倚重技术。学习无国界组织的创办人格莱姆·布朗-马丁（Graham Brown-Martin）也在 2014 年的世界教育创新峰会（WISE）的主题演讲中，反对根据大数据和算法来决定个人化学习的做法。在中国，形形色色的资金在流向各种网上教育的平台，结果是把教室平移到网络上，而学习者的学习策略、兴趣、路径、测评方式都毫无改变。这种情形形成学习革命的泡沫几乎是肯定的，因为它未必关学习什么事，不过是资本在逐鹿中原。

推动个人化学习，不应该只是技术的事。在扎克伯格的公开信之后，多重智能论发明者霍华德·加德纳在《华盛顿邮报》上也发文指出，真正实现个人化学习，还不能只靠技术，应该在学习设计的层面下一些功夫。它提出了四个“预备元素”：在一个学习路径下允许不同进度，内容按兴趣定制，兼顾不同学习风格，兼顾不同智能。加德纳为这个话题，引入了心理学的角度，这是一个很不错的拓展。

扎克伯格提出促进个人化学习，这是一个很有力的号令，很宏大的理想，我为之鼓舞。这理想是可以实现的，但是教育界、业界、非政府组织、教育管理部门必须通力合作。学习这事，单靠某一个狭窄领域，是办不好的。

学习是一辈子的事

每年高考、中考结束，总是几家欢乐几家愁。少年才俊谁人不爱？所以包括北大清华在内的名校都在撕破脸抢状元。我自己从高中毕业已经有 25 年了。环顾四周，发觉今日景象与往日求学时大不同。我在大学一微信群潜水，看到大家在一起夸奖当年挂科和补课的学渣，如今如何把生意做得风生水起。而学霸们竟一个个不知所终。虽然我们都有雄心，把人生每一步都要走好。但最终的成效还得看长线。起步未必决定终点。

我在一个国际会议上听到一个有趣的说法，学校教育的目的，是要让学生有效地对付未来的第三份工作。前面的工作，不过是为了谋生所需的种种折衷，人真正能给自己做选择，往往要到后来很久。对于一个中年人来说，这说法颇为励志。人到中年之后，尚可另起炉灶。艾奥瓦州卡尔·埃德加·布莱克二世（Carl Edgar Blake II）小时候跟父亲一起造摩托车，长大之后，做起了信息技术。到了 40 多岁之后，突发奇想，开始养猪。他用俄罗斯和中国的猪配种，试图培育出又长膘又好吃的猪肉来。他的猪肉，受到了很多大厨的欢迎。

在生活这本大书的几乎每一个章节，我都会看到IT人转岗养猪的故事。之所以印象深刻，是因转折够大，二者几无交集，需要的是不同技能。

这种人终身在学习。我们生物系一位教授，已经拿到了博士学位，不知为何，又去附近一大学学习心理咨询的学位。我办公室一个同事，有三个孩子，在高中教数学，平日还在学校长跑队当教练，还在教会、童子军等组织做义工，事情这么多，却排除万难，拿下了数学博士学位。这几年又把数学博士所预备的职业放下，到了我们这里做课程设计。这些人年龄都不小了，怎会想到半路出家，去干别的？在美国，我经常会遇到这种终身学霸。比如我女儿的一个音乐老师唐纳德是学钢琴的音乐博士，同时他还是飞行教练、所在教会牧师、高中社会研究课老师、私人钢琴老师，还持有房地产经纪和拍卖执照。我问他太太为什么他会这么多东西，她说他们没有孩子，她丈夫不同时干很多事情，不一直学东西，就觉得非常乏味。这不由让人想到人的潜能真的很大，我们到底使了多少？国内也一样，诗人赵丽华，开始学画画，还没画多久，就有作品被人买了。于建嵘教授开始在写小说了。这样的“中年变法”，将成为新的常态。

小时候的学习，很多是家长、老师安排的，自己也不知道学得对不对，甚至连自己真正喜不喜欢都不知道。中国古话说“少年易学老难成”。这话在学习的接受程度上说是对的，但是从人生的整体阅历上看是不对的。人生很长，学习应该平均分布一下，活到老学到老，别全堆在小时候。小时候学得太多，学科基础要学，修身养性的东西也学，导致认知负荷过重，这会把学习热情浇灭，以至于学习真的成了少年时候的事。

很多人，甚至说大部分人，成年后不学无术，其实成年之后更应该随时学习。人上了一定年纪，接受能力不足，但是目的性有余。再者，成年有一个秘密，很多工作，熟悉了就程式化，不要花太多脑子。这种时候，脑子闲着也是闲着，可接受很多新东西，学习便有了几分从容。上了些年纪，也知道自己缺什么，或是兴趣究竟是什么，有的放矢。青少年接受新知识容易，但是目标往往不明确。学习所需的诸多资源中，接受能力只是一个部分，其他的部分包括学习目标、生存压力、内在激励、社会圈子，等等，所有这些，人成年之后或许会更多一些。

另一些学习，则和我们的精力和身体状况有关。如书法绘画，到了中老年去学，对于缓解更年期的烦躁、退休后的无聊，大有益处。随着医疗条件的改善，人的寿命越来越长。在漫长的晚年，含饴弄孙，子孙绕膝，是个好的梦想，但子孙终归有自己的生活。前总理朱镕基先生曾告诫同龄人，说人退休后，应切记“年轻人一定比你忙……别老想着靠子女，消除寂寞根本在自己”。中国中老年人缺乏兴趣爱好的是多数，倘若不把“终身学习”当口号，而是当了真，去学一些新东西，生活一定更为充实。《安琪拉的灰烬》作者弗兰克·迈考特（Frank McCourt）就是从教师岗位上退休后大器晚成的，他开始了写作生涯，一不小心成了著名作家。类似的“晚熟型”作家（late bloomers）还真有不少，比如托妮·莫里森（Toni Morrison）、乔治·艾略特（George Eliot）都是39岁才开始发第一部作品。常被认为没多少文化的小布什退休后，不仅自己写了自传，还给他爸爸写了传记，甚至学起了肖像画，仿佛人生重新启动了一样。

很多知性的爱好，并不需要年轻的体魄，若有强烈的内心驱动力，什么时候开始都不迟。若这么想，或许我们可以让年轻人放松一些，中老年抓紧一些，让一生产生结构性的变化，或许每个人都可以因此更有成效，也更能够享受生活。亨利·大卫·梭罗曾写道："大部分人过着默默而绝望的生活，带着心中尚存的歌谣，走进坟墓。"不如我们成年人都振作些，不把我们的歌谣带进坟墓。

教育即生活

Aha 社会创新学院的顾远先生曾在“那个蹲在地上玩石子的孩子为什么要知道刘翔是谁？”一文中提到，一些教育者对农村小孩不知道刘翔是谁感到无奈，有种哀其不幸怒其不争的感觉。他反问：他们为什么要知道？教育目的是让我们掌握一大堆和我们无关的事实吗？

农村教育是中国的一个老大难问题。资源少，基础条件差，生源分散，不过再苦苦不过秘鲁。秘鲁是全球教育最落后的国家之一。在世界经济合作与发展组织（OECD）举办的 2012 国际学生评估项目（PISA）的所有参赛国家和地区中，无论是数学、阅读还是科学，秘鲁都倒数第一。该测试不能反映所有问题，但一个国家如此步调一致，各学科都倒数，也属罕见，恐非误差所致。秘鲁农村地区情况更不容乐观。为了改变这种现状，科德斯帕基金会（Fundación CODESPA）在秘鲁开展了一项农村教育改革的试点项目，项目名称为“农村另类教育”。项目内容让我联想到中国农村教育的类似问题，我采访了基金会总干事何塞·伊格纳西奥·冈萨雷斯 - 阿列尔·格罗斯先生（José Ignacio González-Aller Gross）。

科德斯帕基金会是一家设立于西班牙的非营利机构，已经有近三十年的运营历史，荣誉主席是西班牙国王費利佩六世（Don Felipe de Borbóny Grecia）。基金会的宗旨是帮助世界上最贫困的人通过自身努力，培养相关技能，领导家庭和社区摆脱落后与贫困。秘鲁农村地区很多少年上学路途遥远。另外经济欠发达，家庭需要孩子参与劳动。学校现有课程也根据城市生活设置，学生和家长学习积极性不高，很多学生没有上完中学就辍学。辍学则缺乏必要技能，无法实现个人发展，走不出贫困泥沼。为打破这种恶性循环，科德斯帕基金会组织当地学校，实施了一系列改革项目。

改革对象之一是课程。编教材的人不顾农村生活实际。农村课本上出现苹果和橘子，农村小孩并不常见到，也不易吃到，改革者建议增加农村生活元素，如土豆和豚鼠。他还举例说，教材上用红绿灯来教孩子颜色识别，而红绿灯很多孩子根本都没有见过。格罗斯先生感慨，“课程和实际生活脱节，学校日历和农村生活脱节，学生和家庭丧失对教育的兴趣，学生早早辍学”。

针对上学路途遥远的问题，新方案让学生住校两个星期，然后在家两个星期。这样的更替减少了奔波的困难。两个星期在家，把学校所学忘得一干二净怎么办？格罗斯先生说，学生在校学习文化课，在家两周期间，老师探访学生及其家庭，追踪学习进展，商讨问题和解决方法。在家期间，学生也学习开展一些农业项目。这些项目因地制宜，根据地区和家庭需要制定，学校不作硬性规定，而是给学生去发挥创意。学生通过“农业创业”，在实践中运用所学知识，帮助家庭改进现有的耕作和养殖，或是给现有的经营项目增加财务规划和管理。项目中有几个学生，成功地帮家里建起养鸡、或养羊驼的农场，切实改变了家庭的生活。

孤立地看，两周上学、两周在家，可能会导致学习低效。不过在校学知识，在家做项目，倒是很好的创新。这种创新和学生家庭背景结合，也赢得了家庭支持，缓解了辍学问题。科德斯帕基金会的这些课程改革，也是社会创新项目。该项目获得了秘鲁政府的认可，被列为供推广的示范项目。项目还荣获了 2014 年的世界教育创新峰会奖。格罗斯先生在领奖的演讲中希望类似做法能推广到其他国家，这让我想到了中国农村教学中类似挑战。

实施独生子女政策之后的一些年，中国农村生源减少，学校被撤并，一些学生上学路途遥远，上学、放学路上也有隐患，如野猪攻击、坏人欺凌等。能否借鉴科德斯帕基金会的做法，去适当调整学时安排？谁规定上学必须是一周五天，一天八小时？这不过是对家长朝九晚五上班的一种妥协。但教育的改变必须是系统改变，比如也要有学和用结合的项目式学习。到底有无这样的尝试？作家莫言倒是提出过缩短学时。还有，同样的学时，有无可能换别的方法组合？这些都可以加以讨论的。

中国教育科学研究院研究员储朝晖博士在接受我的采访时表示，在学时的调整上，中国有不少地方有所尝试，比如上十天课休四天，但这些改变多基于管理的便利，或是节省成本，比如北方为节省开支放较长的寒假。这种改革缺的是教学方法的同步革新。

除了上学行路难的问题之外，中国也存在教学内容和农村生活脱节的问题。农村和城市使用同样的、城市本位主义的教材。比如谈论动物园、公园、博物馆，而讲农田、牧场、山林的内容就少些。

储博士称，和农村实践结合的做法，在中国历史上昙花一现过。20 世纪 20 年代的乡村教育运动中就有类似的做法。“1985 年左右我们在皖南搞农科教结合也是这种做法，1988 年国务院发文推广到全国，各省还设了农科教办公室，后来就成为一个官僚机构，一边向下发文，一边催各地报材料，异化了。”基于农村实践的教改，更多集中在文革期间。

推动中国儿童教育公平的北京千千树公司首席科学家张仲华教授也表示，基于农村实践的教育在文革时期做过大规模的“实验”。文革的教育方针之一就是教育必须与生产实践相结合。但最后这种教育和文革一起走向极端，文革后彻底被否定。国内近三十多年基本上没有人做。因为文革的政治原因，教改彻底走向反面，只顾知识不顾实践，矫枉过正，孩子和洗澡水一起扔掉了。张教授称，农村教育自然应考虑农村的生活和生产实际，应根据每地产业情况决定教育内容，包括养殖业、粮食生产、蔬菜、果园、特产，以及有关农村的环保与健康等。这里面其实大有文章可做。而现实情况是：“全国都用的是一个标准，一个教材，一样的教学进度和评估标准。这对一个十三亿人口的国家简直是不可思议的事情。”但他也担心，中国目前城市化在迅速推进。大部分农村的孩子今后可能不会在农村生活，因此这里的困惑是：是教孩子农村的生活和生产，还是教孩子未来在城市的生活和生产？或许农村小孩需要了解红绿灯与博物馆，而不仅仅是山地和果园。

我认为二者未必非此即彼，可以去了解城市生活，打开视野，但也要有恰当的农村生活内容。严重脱离实际的教学内容会影响学习兴趣。仅仅让学生去向往城市生活，也让学生丧失本乡本土的自豪感，让学校失去教学创新的机会：城市孩子可以制作机器人，农村孩子的社会实践可以包括农村垃圾处理，水源清洁等，这些都可以和各学科的学习相结合。

我希望科德斯帕基金会的改革，能够启发国内教育界。大家不必照搬秘鲁农村教育的改革，但可以借此机会清理农村教改的思路。也不应忘记，城市农村的二元壁垒难以打破，技术和教学方法的革新，却可以让大家站到同一条起跑线上。例如：改变学习时间的做法，可能陷入“三天打鱼两天晒网”的困境，时间长了学生学过就忘。若借助“翻转教室”的思路，增加农村教育技术投入，学生可以在家收看教学录像，或收听播客音频，在校多互动，一些新型的教学方法会应运而生。教育本无成法。大胆的想象和探索，是改变未来的必由之路。

参考资料

第一章　大脑电脑轮换使用

Anderson, L. W., Krathwohl, D. R., & Bloom, B. (2000). *A Taxonomy for Learning, Teaching and Assessing: A Revision of Bloom's Taxonomy of Educational Objectives*. Allyn & Bacon.

Chua, A. (2011). *Battle Hymn of the Tiger Mother*. New York: Penguin Books.

Friedman, T. L. (2007). *The World Is Flat: A Brief History of the Twenty-first Century* (Further updated and expanded; release 3.0). New York: Picador.

Gery, G. (1991). *Electronic Performance Support Systems: How and Why to Remake the Workplace Through the Strategic Application of Technology*. Boston: Weingarten Publications.

Howley, C. B., Howley, A., & Pendarvis, E. D. (1995). *Out of Our Minds: Anti-intellectualism and Talent Development in American Schooling*. New York: Teachers College Press.

Norman, D. A. (2013). *The Design of Everyday Things* (Revised and expanded edition). New York, New York: Basic Books.

Robinson, K., & Aronica, L. (2009). *The Element: How Finding Your Passion Changes Everything*. New York: Penguin Group USA.

Romiszowski, A. J. (1995). *Designing Instructional Systems: Decision Making in*

Course Planning and Curriculum Design (Reprinted). London: Kogan Page.

第二章　训练学霸思维

Brummelman, E., Thomaes, S., Orobio de Castro, B., Overbeek, G., & Bushman, B. J. (2014). "That's Not Just Beautiful—That's Incredibly Beautiful!" : The Adverse Impact of Inflated Praise on Children With Low Self-esteem. *Psychological Science*, 0956797613514251. http://doi.org/10.1177/0956797613514251.

Casper, H. (2010). Inducing Learned Helplessness: Video Fragment. Retrieved from https://youtu.be/MTqBP-x3yR0.

Csikszentmihalyi, M. (2008). *Flow: The Psychology of Optimal Experience*. New York: Harper Perennial Modern Classics.

Csikszentmihalyi, M. (2016). *Flow, the Secret to Happiness*. *Ted.com*. Retrieved from https://www.ted.com.

Dweck, C. (2007). *Mindset: The New Psychology of Success* (Reprint edition). New York: Ballantine Books.

Feuerstein, R. (1980). *Instrumental Enrichment: An Intervention Program for Cognitive Modifiability*. Baltimore: University Park Press.

Feuerstein, R., Rand, Y., & Hoffman, M. (1979). *The Dynamic Assessment of Retarded Performers: The Learning Potential Assessment Device* (LPAD). Baltimore, MD: University Park Press.

刘瑜，2009，《民主的细节》，上海三联书店。

Stanford University. (2005). Steve Jobs' 2005 Stanford Commencement Address. Retrieved from https://www.youtube.com/watch?v=UF8uR6Z6KLc.

Keller, J. (1987). Development and Use of the ARCS Model of Instructional Design. *Journal of Instructional Development*, 10(3), 2–10.

Khan, S. (2014, August 19). The Learning Myth: Why I'll Never Tell My Son He's Smart. Retrieved April 28, 2016, from http://tinyurl.com/k4cvk9a.

Kruglanski, A. W., & Webster, D. M. (1996). Motivated Closing of the Mind: "Seizing" and "Freezing." . *Psychological Review*, 103(2), 263.

McGonigal, J. (2011). *Reality Is Broken: Why Games Make Us Better and How They Can Change the World* (Reprint edition). New York: Penguin Books.

Ostroff, W. L.(2016). *Cultivating Curiosity in K-12 Classrooms: How to Promote and Sustain Deep Learning*. Alexandria, Virginia: ASCD.

Rath, T. (2007). *Strengths Finder 2.0*. New York: Gallup Press.

Spence, I., & Stan-Spence, A. (1990). Meeting "Learned Helplessness. Presented at the *Annual Meeting of the Connecticut Association of Private Special Education Facilities*, North Haven, CT. Retrieved from http://www.eric.ed.gov/contentdelivery/servlet/ERICServlet?accno=ED318165.

Yasnitsky, A. & van der Veer, R. (Eds.) (2015). *Revisionist Revolution in Vygotsky Studies*. New York: Routledge.

第三章 管理学习情绪

Ariely, D. (2010). *Predictably Irrational: The Hidden Forces That Shape Our Decisions* (Rev. and expanded ed., 1. Harper Perennial ed). New York, NY: Harper Perennial.

Bandura, A. (2005). Social Cognitive Theory: An Agentic Perspective. *Psychology: The Journal of the Hellenic Psychological Society*, 12(3), 313–333.

Barish, K. (2013, September 9). How Do Children Learn to Regulate Their Emotions? Retrieved from http://www.huffingtonpost.com/kenneth-barish-phd/how-do-children-learn-to-_b_3890461.html.

Burns, D. (1980). *Feeing Good: The New Mood Therapy*. New York: Morrow.

The Center on the Social and Emotional Foundations for Early Learning. (n.d.). Teaching Your Child to Identify and Experess Emotions. Retrieved from http://csefel.vanderbilt.edu/documents/teaching_emotions.pdf.

Cheever, J. (1982). *Oh, What a Paradise It Seems*. New York: Knopf : Distributed by Random House.

Coen, E., & Coen, J. (2010). *True Grit* [motion picture]. United States: Paramount Pictures, Skydance Media, Scott Rudin Productions and Mike Zoss Productions.

Coleman, D. (2004). What Makes a Leader? *Harvard Business Review*, *82*(1), 82–91.

Cynkar, A. (2007). Whole Workplace Health. *Monitor on Psychology*, 38, 28-31.

Deresiewicz, W. (2014). *Excellent Sheep: The Miseducation of the American Elite and the Way to a Meaningful Life* (1. ed). New York, NY: Free Press.

Duckworth, A. (2016). *Grit: The Power of Passion and Perseverance* (First Scribner hardcover edition). New York: Scribner.

Houghton, J. D., Wu, J., Godwin, J. L., Neck, C. P., & Manz, C. C. (2012). Effective Stress Management: A Model of Emotional Intelligence, Self-Leadership, and Student Stress Coping. *Journal of Management Education*, *36*(2), 220–238.

Krznaric, R. (2014). *Empathy: Why It Matters, and How to Get It*. New York: Perigee.

McGonigal, K. (2013). How to Make Stress Your Friend. Retrieved from http://youtu.be/RcGyVTAoXEU.

Michaels, E., Handfield-Jones, H., & Axelrod, B. (2001). *The War for Talent*. Boston, Mass: Harvard Business Review Press.

Neck, C. P., Manz, C. C., & Houghton, J. D. (2016). *Self-leadership: The Definitive Guide to Personal Excellence*. (Thousand Oaks: SAGE Publications.

钱文忠，2011 年 2 月 23 日，“教育，请别再以爱的名义对孩子让步：在第三界新东方家庭教育高峰论坛上的演讲”，来自作者博客：http://blog.sina.com.cn/s/blog_4e37057b0100oizc.html.

Seligman, M. E. P. (2011). Building Resilience. *Harvard Business Review*: HBR, 89(4), 100–106.

第四章　开展高效练习

Barcroft, J. (2015). Can Retrieval Opportunities Increase Vocabulary Learning During Reading?. *Foreign Language Annals*, 48(2), 236.

Brabham, E., Buskist, C., Henderson, S. C., Paleologos, T., & Baugh, N. (2012). Flooding Vocabulary Gaps to Accelerate Word Learning. *Reading Teacher*, 65(8), 523-533.

Brown, P. C., Roediger, H. L., & McDaniel, M. A. (2014). *Make It Stick*. Harvard University Press.

Duff, D., Tomblin, J. B., & Catts, H. (2015). The Influence of Reading on Vocabulary Growth: A Case for a Matthew Effect. *Journal Of Speech, Language & Hearing Research*, 58(3), 853-864 12p.

Elliott, W. E., & Valenza, R. J. (2011). Shakespeare's Vocabulary: Did It Dwarf All Others?. *Stylistics and Shakespeare's Language: Transdisciplinary Approaches*, 34-57.

Finn, B., & Tauber, S. (2015). When Confidence Is Not a Signal of Knowing: How Students' Experiences and Beliefs About Processing Fluency Can Lead to Miscalibrated Confidence. *Educational Psychology Review*, *27*(4), 567–586.

Gladwell, M. (2008). *Outliers: The Story of Success* (1st ed). New York: Little, Brown and Co.

西莫斯·可汗著，蔡寒韫译，2016 年，《特权：圣保罗中学精英教育的幕后》，华东师范大学出版社。

郭纯洁，2007，《有声思维法》，外语教学与研究出版社。

Lang, J. M. (2016). *Small Teaching: Everyday Lessons from the Science of Learning* (First edition). San Francisco, CA: Jossey-Bass.

Middleton, E. L., Schwartz, M. F., Rawson, K. A., Traut, H., & Verkuilen, J. (2016).

Towards a Theory of Learning for Naming Rehabilitation: Retrieval Practice and Spacing Effects. *Journal of Speech, Language & Hearing Research*, *59*(5), 1111–1122.

Morgan, P. L., Farkas, G., Hillemeier, M. M., Hammer, C. S., & Maczuga, S. (2015). 24-month-old Children with Larger Oral Vocabularies Display Greater Academic and Behavioral Functioning at Kindergarten Entry. *Child Development*, 86(5), 1351-1370.

Nakata, T., & Webb, S. (2015). Does Studying Vocabulary in Smaller Sets Increase Learning?: The Effects of Part and Whole Learning on Second Language Vocabulary Acquisition. *Studies In Second Language Acquisition*.

Pink, D. (2009). The Puzzle of Motivation [Video]. Retrieved from http://www.ted.com/talks/dan_pink_on_motivation.

Pink, D. H. (2011). *Drive: The Surprising Truth About What Motivates Us*. New York: Riverhead Trade.

邱墨山、叶雨婷，“高校替课风行竟成产业链 - 中青在线”，《中国青年报》，2016 年 11 月 13 日第 04 版。

Saz, O., Lin, Y., & Eskenazi, M. (2015). Measuring the Impact of Translation on the Accuracy and Fluency of Vocabulary Acquisition of English. *Computer Speech & Language*, 31(1), 49-64.

Wells, G. L., Small, M., Penrod, S., Malpass, R. S., Fulero, S. M., & Brimacombe, C. A. E. (1998). Eyewitness Identification Procedures: Recommendations for Lineups and Photospreads. *Law and Human Behavior*, *22*(6), 603–647.

第五章 以考试助力学习

Bruff, D. (2009). *Teaching with Classroom Response Systems: Creating Active Learning Environments* (1 edition). San Francisco: Jossey-Bass.

College Board. (2016). SAT Essay. Retrieved November 30, 2016, from http://collegereadiness.collegeboard.org/sat/inside-the-test/essay.

Dunlosky, J., Rawson, K. A., Marsh, E. J., Nathan, M. J., & Willlingham, D. T. (n.d.). Improving Students' Learning with Effective Learning Techniques Promising Directions from Cognitive and Educational Psychology. *Psychological Science in the Public Interest*, *14*(1), 4–58.

Fang, B., Shewmaker, J., & Self, S. (2015). Designing Free-range Assignments. In *Workshop Proceedings of the 11th International Conference on Intelligent Environments*. (pp. 120–129). Prague, Czech Republic: IOS Press.

Formative Assessment. (2016, October 13). In *Wikipedia*. Retrieved from https://en.wikipedia.org/w/index.php?title=Formative_assessment&oldid=744192849.

Gardner, H. (2011). *Frames of Mind: The Theory of Multiple Intelligences* (3 edition). New York: Basic Books.

Kaplan, R. S., & Norton, D. P. (1992, January 1). The Balanced Scorecard—Measures that Drive Performance. Retrieved December 1, 2016, from https://hbr.org/1992/01/the-balanced-scorecard-measures-that-drive-performance-2.

Phenomenon Based Learning. (n.d.). Retrieved November 27, 2016, from http://phenomenaleducation.info/phenomenon-based-learning.html.

Pink, D. H. (2006). *A Whole New Mind: Why Right-brainers Will Rule the Future*. Penguin.

Smith, A. M., Floerke, V. A., & Thomas, A. K. (2016). Retrieval Practice Protects Memory Against Acute Stress. *Science*, *354*(6315), 1046–1048.

Stevens, D. D., & Levi, A. J. (2005). *Introduction to Rubrics*. Sterling, Virginia: Stylus.

Tufts University. (2014, November). Practice Testing Protects Memory Against Stress. Retrieved November 28, 2016, from http://www.sciencedaily.com/releases/2016/11/161124160426.htm.

涂子沛，2014，《数据之巅：大数据革命，历史、现实与未来》，中信出版社。

第六章　寻求终身教育

Berry, B. (2016, April 26). In the Absence of the Village, Mothers Struggle Most. Retrieved from http://revolutionfromhome.com/2016/04/absence-village-mothers-struggle/.

曾国藩著，陈书凯编，2006，《曾国藩家书》，蓝天出版社。

Clinton, H. R. (2006). *It Takes a Village: And Other Lessons Children Teach Us*. New York: Simon & Schuster.

Covey, S. R. (2004). *The 7 Habits of Highly Effective People: Restoring the Character Ethic* (Rev. ed.). New York: Free Press.

Gopnik, A. (2013, March 23). Sleeping Like a Baby, Learning at Warp Speed. *Wall*

Street Journal. Retrieved from http://www.wsj.com/articles/SB10001424127887323415304578368473162068236.

Grenny, J. (Ed.). (2013). *Influencer; The New Science of Leading Change* (2nd ed). New York: McGraw-Hill Education.

侯赛因・卢卡斯著，王靓译，2015,《夏山学校毕业生》，华东师范大学出版社。

Huffington, A. (2010). *How to Succeed? Get More Sleep*. TED. Retrieved from http://www.ted.com.

Louv, R. (2008). *Last Child in the Woods: Saving Our Children from Nature-deficit Disorder* (Updated and expanded). Chapel Hill, N.C: Algonquin Books of Chapel Hill.

Maltese, A. V., Tai, R. H., & Fan, X. (2012). When is Homework Worth the Time?: Evaluating the Association Between Homework and Achievement in High school Science and Math. *The High Shool Journal*, *96*(1), 52–72.

May, A. (2016, August 23). Texas Teacher Implements No-homework Policy, the Internet Rejoices. Retrieved November 23, 2016, from http://www.usatoday.com/story/news/nation-now/2016/08/23/texas-teacher-implements-no-homework-policy-internet-rejoices/89194914/.

Medina, J. (2008). *Brain Rules: 12 Principles for Surviving and Thriving at Work, Home, and School*. Seattle, Wash.: Pear Press.

National Education Association. (n.d.). Research Spotlight on Homework. Retrieved November 23, 2016, from http://www.nea.org//tools/16938.htm.

National PTA. (n.d.). Hints to Help Reduce Homework Stress - Programs - National

PTA. Retrieved November 23, 2016, from http://www.pta.org/programs/content.cfm?ItemNumber=1730.

Rende, R. (n.d.). The Developmental Significance of Chores: Then and Now. *Brown University Child & Adolescent Behavior Letter*, *31*(1), 1–7.

Strauss, V. (2015, December 2). A Primer for Mark Zuckerberg on Personalized Learning. *Washington Post*. Retrieved from http://www.washingtonpost.com/news/answer-sheet/wp/2015/12/02/a-primer-for-mark-zuckerberg-on-personalized-learning-by-harvards-howard-gardner/.

Thorp, L., Brooks, D., & Small, K. (2005). *The Pull of the Earth: Participatory Ethnography in the School Garden*. Lanham: AltaMira Press.

Wallance, J. B. (n.d.). Why Children Need Chores. *Wall Street Journal*, (March 13, 2015).